Herbert Pöhnl
hinterbayern_inside

Herbert Pöhnl
hinterbayern_inside

edition lichtung

Waldwärts

Im Herzen des Bayerischen Waldes, eingebettet in seine Waldwogen, liegt Hinterkirchreuth, der Zentralort Hinterbayerns, klein, alt und unauffällig. Laut erster mündlich überlieferter Erwähnung lässt sich als Gründer eindeutig der heilige Sankt Gunther um das Jahr 1000 vermuten.

Es ist Auswärts, Frühling, beim Landgasthof Waldeslust streichelt die Sonne über das Waschbetonpflaster der Panorama-Terrasse, die Plastikstühle, -tische und -blumenkübel sind da und dort hingestellt, die Küche ist gutbürgerlich, behauptet ein Schild. Ein anderes, dass hier der Chef koche, lässt aber offen, ob das als Warnung oder Qualitätsnachweis gilt. Viele Gäste werden erwartet, der erste Spaceliner-Großraumbus gleitet schon heran.

Der Busfahrer bringt zuerst die Liste der bestellten Gerichte seiner Passagiere zur Rezeption, zuvor hat er die Spaziervarianten über das Bordfernsehen vorgestellt. Die meisten seiner Gäste besetzen die sonnenüberflutete Terrasse des Waldeslust, schauen auf Hinterbayern hinaus, fotografieren das Panorama und sich und warten auf ihr Essen. Dabei unterhält sie *Waldwoge-TV* mit Gewinnspielen und Oldies, und die Wettermelder beschreiben dramatisch die Elf-Uhr-Temperaturen ihres Ortes und ihre Begegnung mit den ersten Frühlingsboten. Wenige Gäste schlendern zum Kircherl, um dessen Architektur und Altar zu begutachten, oder sie kaufen im Kircherl-Shop Ansichtskarten mit Briefmarken. Den langen Weg um das Kircherl geht niemand, sie versäumen so den altehrwürdigen Klosterwald mit Pfarrgarten.

Wenige Besucher spazieren hinunter zum Dorf, an dessen Eingang Tankstelle, Großmarkt, Recycling-Hof, das s'Truckerstüberl und der Palast der Freiwilligen Feuerwehr stehen. An den Häusern der Hubertus-Siedlung, zwischen den Fensterladenimitationen, bewundern sie die festgedübelten Wagenräder, die lüftlgemalten Urwälder über den Panoramafenstern und die Pferdefuhrwerke im Halbrelief an den Balkon-Brüstungen. Ein Heimatgefühl vermitteln auch die Pflüge auf den Doppel-Garagen, die Vielfalt der Bluff-Brunnen, die Gartenhäuschen mit den weiß-blau karierten Vorhängchen und die Scherben der Antik-Amphoren. Eifrig, phantasievoll und plakativ vollstreckt jeder Hausbesitzer das Prinzip Kunst am Bau.

Ländlicher Raum

Der Waldführer Georg vom Landgasthof Waldeslust trifft seine Gruppe am Wanderparkplatz beim Super2000, er wird sie zum alten Kircherl und zurück nach Hinterkirchreuth geleiten, allerdings über den langen Weg, denn, so einer seiner Grundsätze, zum Berg gehört der Aufstieg.
Zwei, vier, sechs … fünfundzwanzig, das entspricht exakt der Anmeldung und Georg freut es, alle im schönen Bayerwald begrüßen zu dürfen. Routiniert hat er das körperliche Belastungsniveau seiner Mitwanderer als geeignet für die

Wanderung eingestuft, deren kulturelles dagegen als ungeeignet für seine Preißn- und Herrenwitze. Er legt noch fest, dass sich am Berg alle duzen, das vereinfache viel: *I bin da Schosl.* Dann vollzieht er mit einem motivierenden *Packmas, der Berg ruft* den Start und schwenkt auf den mit 1a markierten Waldweg ein, der langgezogen zum Kircherl führt.
Zuerst durchquert der Waldweg das kleine Gewerbegebiet und die Hubertus-Siedlung, beides passiert Schosl ohne längere Erklärungen, jeder Mitwanderer kennt das von daheim und niemanden interessiert die dorfnahe Beschäftigung vieler Reuther. Erst im ländlichen Raum wird Schosl Romantisches vermitteln, das erwarten die Gäste und sein Auftraggeber. Hilfreich sind ihm die amtlichen Faltblätter und der Bio-Abenteuer-Erlebnis-Bauer des soeben erreichten Bio-Abenteuer-Erlebnis-Bauernhofs. Schwärmend erzählt der von seinem Leben im Rhythmus der Jahreszeiten und zeigt das Maisfeldlabyrinth und die Streichelkaninchen her. Dahinter, beim Anfass-Apfel-Baum, können die Besucher Hufeisen weit werfen oder mit dem Mammut-Traktor eine schnelle Runde mitfahren oder Kirschkerne weit spucken.
Dass die Landwirte intensiv versuchen, die Verwaldung des Bayerischen Waldes einzudämmen und deshalb gelegentlich Hecken oder Feldraine sehr landschaftsverträglich wegschneiden, dass sie die Biotope nicht überhand nehmen lassen und das schmutzende Waldvogerl behutsam zurückdrängen, sind Beispiele der aktuellen Landschaftspflege Hinterbayerns. *Vertrauen Sie uns*, beruhigt der Bio-Abenteuer-Erlebnis-Bauer, *wir wissen, dass die Natur einer Pflege durch uns bedarf, die Ökologie und Ökonomie harmonisch ausgleicht.* Er verteilt noch Plastiktüten mit echtem Heu, damit werde der Grasentfremdung vorgebeugt und die Region mit allen Sinnen erlebbar.
Die Zuhörer nicken verständnisvoll und Schosl zitiert weiter aus dem amtlichen Leitfaden, hinter sich die moderne Agrarlandschaft mit ihrer Grafik aus Feldern, Sträßchen und Siloballen: *Erleben Sie die Glücksmomente wie Erinnerungen an Ihre Kindheit, genießen Sie den Vogelgesang, die duftenden Blümchen, die vielerlei Kräuter und gaukelnden, farbenfrohen Schmetterlinge, die uns an Mutter Natur erinnern, an unberührte Landschaft, an Genuss ohne Hektik.*

Waldeslust

Die Gruppe verabschiedet sich vom Bio-Abenteuer-Erlebnis-Bauern und erreicht über den Waldweg 1a den Rastplatz *Zur schönen Aussicht*, den der *s'Ideen-Nesterl e.V.* aus den heimischen Baustoffen Holz, Beton und Eigenleistung gebaut hat. Der hintere Tisch ist mit den Worten *Do schmeckts* als Ort des Brotzeitmachens und der vordere neben der Panoramablick-Tafel mit einem *Do is schee* definiert. Schosl beschreibt die Umwelt und seine Gäste lernen Land und Leute kennen.

Schosl wird administrativ, *kurz nur,* beschwichtigt er. Aus dem Rucksack zieht er das Essen-Bestellformular und reicht es mit dem Waldeslust-Hausprospekt, Stift und Erläuterungen dem neben ihn Stehenden. Für die Einkehr im Landgasthof ist vorzubestellen, um Fragen oder gar Zeitverluste zu vermeiden. Wählbar sind *Braten vom Jung-Kaninchen vom Bio-Abenteuer-Erlebnis-Bauernhof an echten Kartoffeln* oder *Holzhauer-Pizza nach Omas Rezept mit Salami-Scheibchen aus der Region.* Schosl ist eine exakte Essensbuchung wichtig, gilt er doch als zuverlässigster Wanderführer. In der Waldeslust beginnt exakt um 12 Uhr 30 die Verteilung der vom Chef gekochten Speisen, die ebenso exakt um 13 Uhr verzehrt und bezahlt zu sein haben, um den Speisesaal räumen zu können. Zur Gemütlichkeit gehört Disziplin und zur Heimat die Vorhersehbarkeit, das ist ein weiteres Schoslsches Prinzip.

Als die Essensliste zurückkommt, simst Schosl das Resultat an die Waldeslust-Rezeption und weiter gehts, der Berg ruft noch immer. Motiviert und gestärkt marschiert die Gruppe auf Schusters Rappen flott auf dem 1a zum Kircherl, das schon von ferne winkt. Aus Zeitknappheit entfällt die Kircherl-Führung zu Gunsten der geregelten Essensaufnahme. Schosl kann nur kurz den Hawaii-Sepp vorstellen, der sich mit seinem Keyboard im Eck aufgebaut und verkabelt hat und jetzt auf Power drückt, und noch schnell eine gesegnete Mahlzeit wünschen. Spielend ertönt Schunkeliges und die Warnung, dass es auf Hawaii kein Bier gibt. Dann hat die Bedienung alles ordnungsgemäß serviert und das *hods gschmeckt* abgefragt. Ohne Interesse an der Antwort, denn schnell rückt sie die Stühle für die schon hereindrängende Nachfolgegruppe zurecht. Schosl hat sich da längst eine Brotzeit und seinen Wanderer-Fünfziger abgeholt.

LKS

Wir sind on. Action, kommandiert der Kameramann, und der Fernsehkoch halbiert exakt mit schnellem Schnitt eine Semmel. Jetzt säbelt er elegant und locker vom großen, dampfenden, knusprigen, öligen, heißen Lewakas-Batzen eine ansehnliche und fettige Scheibe und platziert sie schwungvoll zwischen die wartenden Semmelhälften. Die klappt er zu und die Lewakasscheibe ragt knapp, aber appetitanregend heraus.
Das Semmel-Innere ist variierbar zwischen weiß oder rot und der Geschmack mit scharfem oder süßem Senf oder mit Scheiben vom Essiggurkerl steigerbar. *Fertig. Klappe. Es ist drin!* Der Kameramann ist zufrieden und schluckt mehrmals. *Und jetzt?,* fragt der Fernsehkoch, *meine Promis essen das nicht, zu proletarisch, vielleicht die Musikanten?*
Klar, die lieben ihr Grundnahrungsmittel ebenso innig wie notgedrungen. Es ist formatbedingt auch bei großer Zeitknappheit verzehrbar, dann allerdings nur mit schnellen Bissen zwischen den Musik-Stückeln und deshalb nur in eingeschränktem Ausmaß für Sänger und Bläser geeignet. Die nehmen wohl oder übel Qualitätseinbußen in Kauf und begnügen sich mit der kalt gewordenen warmen Lewakassemmel. Weitere Vorteile sind der einhändig mögliche Verzehr und die stille Übereinkunft mit den Bedienungen guter Wirtshäuser, die bringen den Warme-Lewakas-Semmel-Standard kalkulierbar zuverlässig, also gurkerl- und senflos. Leider zeitlich unvorhersehbar, oft erst nach den Zugaben, aber zum Glück ist der Lewakas im Gegensatz zur kapriziösen Weißwurst robust, das Zwölfuhrläuten ignoriert er ohne Identitätsverlust.

Die LKS, so nennt sie der Häufig-Esser, verkörpert Robustheit und Zugehörigkeit, sie ist ein Stück Hoamadl, die Volkskunde berichtet von keinem vergleichbaren Kulturgut, das sich gleichzeitig gegen Hunger und gegen Modisches stemmt. Somit ist das Scheitern des Lewakas-Vollkorn-Weckerls ebenso logisch wie das des Soja- und Tofu-Lewakas. Eingelegte Salatblätter oder Scheiben vom gekochten Ei oder von der Tomate sind so chancenlos wie der Mayonnaise- und Ketchup-Sprutz. Lediglich ein Phänomen wird erwähnenswert die Esskultur erweitern, die Lewakassemmel-to-go.
Bekannt sind geschmackliche und optische Qualitätsunterschiede der Lewakassemmel-Exponate einzelner Metzgereien. Dafür fahren Musikanten, Handwerker, Trucker sogar Umwege und stellen sich lange vorher den künftigen Genuss vor. Bald dominieren dann die LKS dezent duftend das Autoinnere, gelegentlich erliegen sogar Vegetarier dem Kultobjekt, greifen zu und quetschen sich seufzend Senf in die Semmel. Es ist Lewakas-Time.

Dorfleben

Für Jens-Uwe beginnt das Gartenjahr mit der Demontage des Bretterdachls, das alljährlich seine südkoreanische Ziertanne vor der ostbayerischen Schneemasse schützt. Die Gartenzwerge werden shampooniert, der Garten wird manikürt und der Rasen vertikutiert, gedüngt, gespritzt, korrigiert und rasiert. Frustriert bis verängstigt startet Jens-Uwe den *Ausmerz im Auswärts*, um den Wachstumswillen von Gras, Blumen und Kräutern, kurz, des Unkrauts, zu verhindern. Auch das Waldvogerlnest stochert er vom Dachstuhl, um den Belästigungen des Singens, Brütens und anderer Verschmutzungen vorzubeugen. Wie alle Hubertus-Siedler entsorgt er die Gartenabfälle im Kircherlwald, endlich auch das Graffl der Oma, ihr eingewecktes Obst und ihr Kuchlgeschirr, er kippt es hinter einen verfallenden Stadl.

Freude macht ihm der Gesang der Gartengeräte. Den Amselweg hinauf, den Drosselweg hinunter, quer rüber zum Waldvogerl-Platz brüllen ab jetzt die Motorsägen, rattern die Rasenmäher, blasen die Laubsauger und zirpen die Fadensensen. Da fällt krachend ein alter Obstbaum, dort wird ein Gemüsebeet versiegelt und mit weißen Kieselsteinen aus Anatolien kaschiert. Das entspricht der Rodungsenergie und dem Verschönerungswillen der Bauhöfe und Bauernhöfe bei den Korrekturen des Straßenbegleitwuchses oder der Verkehrsinseln. Der Dorfplatz heißt seit seiner Renovierung Anger und gilt als schönster Parkplatz Hinterbayerns. Nur dem Pfarrgarten gestehen die Reuther noch seine Verdschungelung zu, trotz der Ahnung, dass ein Restvorkommen des Waldvogerls dort sein Unwesen treibt.

Das Saubere und Niedliche soll anerkannt werden und die Berater von *Village_Vision_unlimited* unterstützen die Dörfler im Kampf gegen ihr Dorf. Sie empfehlen das momentan geltende Schönheits-Format so eindrucksvoll, dass sich die Reuther eingestehen: *Unser Dorf ist hässlich,* und sie lachen herzhaft über ihre alten Häuser, die letzten Linden und sich selbst. Spontan gründete sich der *s'Ideen-Nesterl e.V.*, um einen alten Backofen vorbildlich zu restaurieren.

Trotzdem ist den Reuthern rätselhaft, warum sie beim Wettbewerb *Unser Dorf muss noch viel schöner werden* nicht erfolgreich waren. Obwohl sie das dutzendfach bewährte Modell *Dorfanger* gekauft haben, sogar die Premium-Version, obwohl sie Hauswurzn auf alten Fahrrädern wirklich liebevoll drapieren und selbst die kleinsten Wege teeren, konnte nicht der erste Platz belegt werden. Wieso? An der Präsentation kann es nicht liegen, die ist hochglanzbunt, zuckersüß und sauteuer und mit den Worten Öko und Bio garniert, mehrmals! Was ist schuld? Alle sind unsicher und erkennen im Pfarrgarten, dem Schandfleck, die Ursache. Warum aber posieren genau darin die Dorfrichter samt lokaler Prominenz lächelnd zwischen den Sonnenblumen mit der Urkunde des nur zweiten Platzes?

Feste feiern

Die Angst der Hinterkirchreuther, den Fortschritt zu versäumen, und der Versuch, sie zu überwinden, wird jetzt wirksam. Ein Symptom ist die Suche nach einer jährlich wiederkehrenden Einmaligkeit, einem dörflichen Spektakel. Der Kulturausschuss unter seinem Vorsitzenden Jens-Uwe und der *s'Ideen-Nesterl e.V.* stimmen klar für ein Heimatfest mit Bierzelt. Lange wird geplant, gestritten und gearbeitet, dann wird der Großparkplatz mit weißroten Bändern markiert, *Herzlich-willkommen*-Transparente werden an den Ortseingängen aufgehängt und 400 kleine Birken im Dorf aufgestellt. Die Böllerschüsse und der Anstich der Bier-Container starten die neue Ära Reuths. Der Festwirt und die Ehrengäste ziehen mit Blasmusik, einem weiß-blau geschmückten Bier-LKW und vom Trachtenverein *d'Reuthbachtaler* eskortiert zum Kulturtempel Bierzelt. Dort behaupten der Bürgermeister und viele andere in ihren Grußworten, dass für das musikalische Wohl und die leibliche Umrahmung bestens gesorgt ist.

Den nächsten Höhepunkt gestaltet die *Dance-Company Edelweiß*. Die als Trachtler kostümierten Tänzer drehen sich militärisch-exakt zur live eingespielten Musik-CD, aber sie verabschieden sich trotz des großen Beifalls. Der nächste Tanztermin wartet, und erst als drei achtjährige Mädchen ans Mikrofon geschoben werden und mit unsicheren Stimmchen singen, *Kaum is da Winta gar, kimmt scho s Fruihjohr*, ists wieder weiß-blau-gemütlich. Es wird noch zünftiger, als die Festzelt-Musikkapelle Höchstformen waldlerischen Unterhaltungsstandards demonstriert, das *Kufsteinlied*, den *Eiertanz* und *Marmor, Stein und Eisen bricht*. Sie kommandiert häufig *Krüge hoch* und zelebriert mehrmals ihre bewährte Moped-Einlage: Der Trompeter fährt mit dem Zweirad auf die Bühne und schüttet sich eine Maß Bier in seine Lederhose. Daran erkennt das Publikum, dass es eindeutig Echte sind.

Am Samstag bleibt es echt, der *s'Ideen-Nesterl e.V.* präsentiert die wichtigsten Tätigkeiten der Einheimischen, das Schnupftabakreiben, Besenbinden und Spinnradltreten. Ein älterer Herr dengelt eine Sense seit 8 Uhr 30, ein Akkordeon-Spieler sorgt für die Romantik, und Jens-Uwe bastelt Nistkästen fürs Waldvogerl. Der Geflügelzuchtverein verkauft freigelaufene Bauernhühner, die Damen vom *s'Ideen-Nesterl e.V.* belehren andere Damen über das richtige Einwecken von Obst, ein geduldiges Pferd wird hinten rund fünfzig Mal beschlagen und vorne schwindelig gestreichelt und der *Jugendkulturpreis für original-richtiges Ausbuttern* geht an Jasmin und Pamela.

Der Samstag ist der Festzugtag und die Waldler verkleiden sich trachtlerisch. Die weiblichen kommen fein herausgeputzt im Prachtdirndl mit Goldschnallenschuhen, Drehrock und Gretlfrisur, die männlichen marschieren stolz in ihrer oberbayerischen Tracht, einige mit Push-up-Wadlstrümpf. Politiker winken aus Kutschen, Goaßlschnoitzla schnoitzeln mit Goaßln und die Besucher digitalisieren alles. Anschließend schlendern sie an den Verkaufsständen mit Getöpfertem, Gestricktem und Geschnitztem entlang und bestaunen die Kaninchen in ihren engen Käfigen. Brauchtumsvollzugsfunktionäre schwärmen vom harten aber sehr glücklichen Leben der Vorfahren, Besucherinnen jonglieren rohe Eier auf Holzlöffeln und die männliche Begleitung stemmt am ausgestreckten Arm Maßkrüge. Die Kinder schießen mit Lasergewehren auf Luchs- und Waldvogerl-Attrappen, das fördere, verspricht der Flyer, das ökologische Bewusstsein und beuge Rückenschmerzen vor.

Der Sonntag beginnt mit dem Flohmarkt und endet im Kulturzelt, wo ein letztes Mal die Bierzelthits klingen. Am Montag wird dann öffentlich und heroisch vom zurückliegenden Bierkonsum, von dem durch ihn ausgelösten Kopfweh und den Problemen des Heimkommens geschwärmt.

Der Kulturausschuss entwickelt ein tragfähiges Zukunftskonzept für weitere Festlichkeiten mit einem Einstieg in den Tourismus. Sicher sind ein Disco-Zelt mit Fingerfood und am Dorfplatz eine Party-Meile mit Public-Viewing von irgendwas. Die Birken, die Hinterkirchreuth für drei Tage in ein Walddorf verwandelten, liegen da schon längst in der Sondermülldeponie.

Der Prospektor

Der Kulturausschuss besetzt das Fremdenverkehrsamt mit Ludwig, genannt Lui. Schon bei der Nominierung verspricht er einen innovativ-weiß-blau-sanften Tourismus. Im alten Böhmhaus wird der Fremdenverkehrspoint eingerichtet, Lui denkt sich das erste Jahresprogramm und ein Faltblatt dafür aus, seine erste Handlung als Prospektor. An den Dorfeinfahrten errichtet der Bauhof Monumente aus Stahlbeton und Holzplanken mit dem Spruch *Hinterkirchreuth grüßt seine Gäste,* und im Point wird wochenlang gebohrt und verputzt, dann hat das Böhmhaus ein Office mit Showroom und dem ersten Straßencafé des Dorfes. Bei der Eröffnung wird die Verpflichtung gegenüber der Tradition beschworen, der gefühlvolle Umgang mit der baulichen Substanz gelobt und die Ursprünglichkeit des Dorfes gewürdigt. Der Mühlhiasl-Männer-Chor singt *Da Wold is schee*, eine rumänische Bedienung serviert einen Cappuccino im Jumbo-Haferl und Lui startet den Tourismus Hinterbayerns.

Ludwigs erster Prospekt ist bunt und behauptet *Hier ist der Gast König*. Weitere Leitworte sind *deftige Brotzeit, süffiges Weißbier, uriger Trachtler* und viele Fotos, eines vom Wanderführer Schosl mit Kircherl und eines mit dem Landgasthof Waldeslust und einem Biergartenbild von ganz früher. Der Schmetterling auf der Blume und gut zwanzigmal die Worte Öko und Bio demonstrieren Naturnähe, weder Autos noch Regentropfen stören, Hinterbayern kennt nur Sonnenuntergänge, Nebelschwadenwälder und Bergbächlein mit Rehlein und beweist es mit den bewährten Halbsätzen *Eins mit der Natur werden* und *Ge(h)nuss ohne Reue*. Das Titelbild ziert der neue Backofen, auf dem ein Waldvogerl sitzt und zwitschert, die Corporate Identity ab jetzt.

365 Tage Brauchtum

Stolz kann Prospektor Lui bald schon mit der Präsentation seiner ersten Heimatprodukte beginnen: Im Frühling sind es das Ostereier-Zielschießen, ein Motorradrennen rund um den Kircherlberg unter dem Motto *Hubraum als Lebensraum* und ein Dialekt-Kurs in altbayerischer Stadl-Atmosphäre, der so wichtige Begriffe wie *mit Vitrioi-Oiyl eioiyln* vermittelt. Im Sommer inszeniert er das *Kuhfladen-Roulett*, hierfür wird eine Wiese in Quadrate geteilt und eine verdauungsbereite Kuh kann durch die Wahl ihrer Darmentleerung entsprechende Gewinn- und Enttäuschungsgefühle auslösen. Den Workshop *Echtes Bauernbrotbacken im Original-Holzbrotbackofen* und die *Krönung der Schweinsbratenkönigin* kombiniert er mit einem *Almabtrieb* für den Herbst. Kühe, die 364 Tage im Stall stehen, werden am 365sten per Viehwagen zum Backofenvorplatz gefahren, der als Alm dient. Mit Blaskapelle werden sie dann in ihren Stall zurückgetrieben, neben dem mittlerweile ein Bierzelt steht. Für die kalte Jahreszeit bietet er als heißes Winterprogramm das Basteln von Rauhnachtmasken und ein griawiges Schneeschaufeln, das *Gäste-Schnee-Heijng*. Ein weiterer Höhepunkt ist der Hoagoatn mit der Wahl der Miss Jogginganzug und dem Hawaii-Sepp mit Keyboard, der wieder behauptet, dass es auf Hawaii kein Bier gibt.

Tatsächlich entwickeln sich die Übernachtungszahlen ermutigend, Hinterbayern wacht auf und will schön sein. Die Vereine sammeln Müll, das Reuthbachl wird begradigt und rund ums Dorf ein mächtiger Ring aus Beton und Asphalt geschlungen, der Öko-Radlweg. Lui ist stolz auf sich, in der Zeitung lässt er es schreiben und deutet wieder an, dass er nicht gegen ein modernes Kulturzentrum wäre. Und dass er auf Tourismusmessen sein Hinterbayern als Premiumprodukt vermarktet. Mitnehmen wird er ein paar Strohballen, seine Frau mit neuer Gretlfrisur und das Keybord, das mit dem Hawaii-Sepp verkabelt ist, der alle zehn Minuten das Hawaii-Lied singt.

Lui und Jens-Uwe treffen sich im s'Stüberl, sie wollen mehr. Beim Kultur-Center ahnen sie eine langwierige Realisierung, aber das Brauchtumsjahr wird zügig erweitert. Günstig ist, dass sich

der Landgasthof Waldeslust zur Bergwelt-Wellness-Alm aufrüstet, die Zufahrtsstraße könnte Auerhahnweg heißen, das würde den örtlichen Naturschützer befrieden. Jens-Uwe will auf das Alte setzen und es modern anbieten. Warum sollen sonst Gäste hier urlauben? Vielleicht sollte eine Ruine gebaut werden, die würde verwurzeln. Sie werden ein Alt-und-hübsch-Konzept mit niedrigen Kosten entwickeln, um niemanden zu verscheuchen. Ein professioneller Berater könnte die Orientierung liefern und Arbeitsplätze prophezeien. Wo ist dieses *Vision_Village_unlimited?* Die haben doch das Dorf echt gut hingerichtet.

Eventschnee

Was ist Schnee-Heijng? Wenn vor Ostern die großen Haufen des Altschnees zerschaufelt werden, um ihn optimal der ihn schmelzenden Märzsonne auszusetzen. Die Waldler kippen den weißen Dreck, wie sie ihn nennen, in die Straße, der Schneepflug wirft ihn zurück, das wiederholt sich bis zu seiner Auflösung. Vielleicht hat der alte Schosl sein Erinnern zu sehr ausgeschmückt, gelegentlich, und verklärt, vielleicht zu sentimental, weil wieder Altes verloren geht. Aber muss der *s'Ideen-Nesterl e.V.* daraus ein Festival ableiten, ein Brauchtums-Revival mit Aktionsvorschlägen? Beim Brauchtums-Casting zur Reduzierung der event- und tourismusarmen Ostertage siegen das Schneekugelwettrollen, das Osterbrunnenschmücken mit minimal fünfhundert bunten Eiern und ein Ostereier-Wettmalen zur Verschönerung der beiden Dorfbäume. Zum Markenkern wird das lustige Wegschaufeln tauresistenten Kunstschnees von einem speziell errichteten Haufens mit darin versteckten Glückskeksen und Verzehr-Gutscheinen der örtlichen Gastronomie. Die Party-Musiker im beheizten Frühlingsbiergarten sorgen mit *Im Märzen der Bauer die Rösslein einspannt* im Happy-Sound für Spaßstimmung und der Schosl erklärt altes Gerät, widerwillig.

Schosls Unzufriedenheit resultiert aus seiner Mutation vom Zeitzeugen zum Vorzeige-Ureinwohner für den Schnee-Event. Denn als der *s'Ideen-Nesterl e.V.* ein sexy Osterhaserl küren will, ein Ostereier-Zielschießen als hip einstuft und ab dem Palmsonntag die Geranien-Hausbeschmückung fordert, verliert er den Überblick. Worum geht es eigentlich, möchte er fragen, aber wen? Die Hauptenergie verbraucht die Suche eines griffigen Eventnamens. Vorgeschlagen sind *Lustiges Schneeballschlachten* und *Den Winter auf die Schippe nehmen*. Und während ein Reporter von *Waldwoge-TV* in gelben Gummistiefelchen live vom Schneechaos und gefährdeten Hausdächern berichtet, klatschen Urlauber und Einheimische begeistert Beifall, weil der Bauhof mit schwerem Gerät bereits einen neuen Kunstschneehügel aufschichtet.

nächste Doppelseite:
Eventhinweise
aus dem *Hinterkirchreuther Heimatboten*

Bavaria-Mexico Fiesta

„Ureinwohner" besonderen Schutz

Grün muss weg

G'schichtn über de guade oide Zeit

Wirtshauswanderung

Reise in die Steinzeit

Heupäckchen „ein voller Erfolg"

Identität schaffen

GESCHMACKLOS - BLUTIG - SPEKTAKULÄR
Unser 3-Gänge-Halloween-Menü!

K-mas Coyote-Party Fußhakln und Maßkrugstemmen

Modernisierungsstau

Wanderung zu den Ureinwohnern

schönsten Trachtenoutfits

Mobile Event-Almhütte

Wahl zur Miss Arber

Saukopfessen

Bärwurz – die Medizin der „Waldler"

CHRISTKINDL-ANSCHIEßEN

Fichtenzupfen

Saukopf- u. Kesselfleischessen

Abenteuerwald ▶

Kartoffelkönig **Gästeschießen**

Willkommen in der Vergangenheit

Osterhasenschießen

Ostereier-Schießen

XXXL SCHNITZELTAG

Ostereierrennen

mit Ripperlessen und Sauschwanzl-Fisln

Ostereierschießen

Maßkrug-Präsentation

Knödelkurs bis Bärwurz-Wanderung

Ackern wie anno dazumal

Bier-Wanderungen

Bierseminar

Kachelofen Bikini Party

Melk-Kurse

ROCKNIGHT AM GLASOFEN

Holunderblütenfest Tuchfühlung mit einer Kuh

Quad - Outdoor Touren

Kuhfladen-Roulette

Dreschen, Sägen und Läuten beim Heimatabend

Urwaldparty

Spaß AG bringt das Christkindl

Gefährdete Ureinwohner

mit Klischees Gäste lockt

Knödelwettessen

Sexy **Duschparty** mit verbilligten Preisen

Wer ist das schönste Dirndl und der schönste Bua?

Schwein schlachten

Leitökonomie

Tag der Füße

Am Sonntag gibt es zusätzlich zur Karte Schweinshax'n – Kalbshax'n – Eisbein

Christmas-Rockparty

Christmas-Rubbeln

Weißwurstäquator,

Brotzeitschießen

Toilettenparty

Wildapfelwettbeißen

Knödl-Diplom

Fußhakl-Turnier

Bier-Spiele-Tag

Omas Stub'n

Santa Claus Metal-Meeting 2003

Einfach, genügsam und doch schön: Leben im Bayerwald

Qualität, Qualität, Qualität

Tanzbären für Touristen

Knödel-Flatrate

Rauhnachtstreiben

Steinheben - Wettmelken - Nageln - Baumstamm-Wettsägen - Fingerhackl'n - Schnupfen - Wetttrinken

Weltrekordversuch im Wolfauslassen

Knödelwettessen - Maßkrugstemmen - Wetttrinken

Nikolaus-Schießen

Indian Summer in Bayerisch Kanada

Schneekanone für den Hausgebrauch

Weg mit den Bäumen

es muß alles kommen wie es bestimmt ist

Silikon für dünne Männer-Wadln

Blinde Kuh / Bumskopf Wettessen / Sackhüpfen

Kinder Halloween Party im Inndoor Kinderland Halloween Deko, Gruselschminken

ersten Frühlingsboten

Den Wolf vertreiben

In den letzten Jahren ist Jens-Uwe am Martini-Tag immer weggefahren, aber heuer kommen die Wolfausläuter zwei Tage vor ihrem Kulturtermin. Sie scheppern, grölen, schlagen und poltern an die Haustüre, laut und aufdringlich. Jens-Uwe, der Oberkulturer, sucht hektisch nach papierenem Kleingeld und stellt sich dem Brauchtum, das draußen von fünf Burschen verkörpert wird. Der vordere in Bluejeans, Parka und Pelzmütze beginnt laut lallend:

Do steht da Hirt mit seina Girt,
er hat s Johr mit Freud ausghiat,
a halbs Johr is a lange Zeit,
do hot se da Hiata auf Martini gfreid.

Da Hiata treibt sei Viech in Woid,
muaß auße, ob hoaß oda koid,
is ganga üba Distl und Dorn,
drum schenkts eam eatz a Schüssl Korn.

Die anderen sind gleich unten stehen geblieben, einer zündet grinsend einen Feuerwerkskörper, der zwischen den koreanischen Zwergfichten detoniert. Der Wolferer mit den silbernen Moonboots rüttelt gelangweilt eine riesige Glocke und der in der Haustür Stehende kämpft weiter mit seinen Verslein, zu ihm stellt sich jetzt einer, der Jens-Uwes geldhaltende Hand erwartungsvoll anstarrt und ihm aufdringlich eine Schachtel mit der Aufschrift *Kasse* hinhält.

I will an Bauern net vodriaßn,
owa er muaß a Markl schiaßn,
i seg n scho ind Kamma springa,
in da Schüssl hör i Markln klinga.

Glück herein, Unglück hinaus,
an Hiata sei Johr is eatz aus,
er muaß treim durch enge Lucka,
dass eam mecht schier dadrucka.

Die letzten beiden unterhalten sich engagiert über Handy-Tarife und nippen häufig aus einer Schnapsflasche, die im Parka des einen steckt. Der andere trägt ein Plastik-Jackett mit der Neon-Aufschrift *We are the Champions*.

Uns daat a Stückl Brot scho nout,
a Schüssl voll Korn daat aa koan Zorn,
a Schüberl voll Woll daat aa ganz wohl.

Hob Hosn zrissn und Holzschua brocha,
bin voll Flankn und muaß denast no locha,
i hau eatzt mit da Gart am Tisch,
dassz wissz, dass heit Martini is.

Buam seids gricht? Dann riegelts!

Jetzt scheppern sie, brüllen, johlen, läuten, stampfen, sie lassen das Brauchtum dröhnen und fetzen: *Wum, wum, wum.*
Dann stoppt der Chef-Ausläuter seinen Wolf, er fragt sich, ob ein weiteres Rezitieren noch was einbringt, bei der Saukältn? Da es auch Jens-Uwe eiskalt den Rücken runterläuft, winkt der ab, es reicht, er bezahlt und vermeidet den Verdacht, traditionsfeindlich zu sein.
Die Ausläuter gehen nach unten, erkundigen sich nach der Höhe der Kulturabgabe und ziehen lärmend Richtung Dorfplatz, wo *Waldwoge-TV,* Freibier und einige hundert Zuschauer warten.

Tote Bretter

Das Fernsehteam von *Waldwoge-TV* hat für den Bayerwald-Clip wenig Zeit, das Wichtigste ist gefilmt: Obstbäume, Kirchturm und ein kochender Koch. Aber etwas Typisches fehlt, Totenbretter werden empfohlen, der Schosl soll begleiten und erzählen und für den O-Ton sorgen, für die Atmo. Der Redakteur erkundigt sich, *um was gehts überhaupt,* und der Schosl erklärt, dass früher der Name von Verstorbenen, oft zusammen mit tröstenden Worten, in ein Brett geritzt wurde. Dieses stellte man dann draußen zum Gedenken auf. Die Verwitterung symbolisiert das Vergehen der Trauer, die Verstorbenen sind würdevoll verabschiedet. Oft wurden die Totenbretter an feuchten Stellen aufgestellt, am Bachl, an der Nordseite des Stadels, damit die Himmelfahrt zügiger stattfindet.

Der Redakteur reagiert ungeduldig mit einem *alles roger,* das packen wir. Sie fahren quer durch Hinterbayern und finden viele Totenbretter. An Garagen angedübelte, in Gärten aufgestellte, frostsicher fundamentierte und mit Regendachl geschützte, mit blauer Müllsackplastik überstülpte und wasserdicht eingeschnürte, schnörkelig geschnitzte, bunt verzierte, frisch xylalackierte, sandgestrahlte, schablonierte, mit Bauschnur ausgerichtete und mit Lötkolben beschriftete, in Reih und Glied stehende tote Bretter. Sie wollen dieses lebendige Brauchtum filmen und Schosl, der Autochthone, muss Empfindung und Betroffenheit äußern.

Sie fahren ein Objekt an, langsamer, stopp, stoßen zurück, nochmal, der Kameramann verrenkt sich im Beifahrersitz, Schosl verstrickt sich im Mikrofonkabel, der Fahrer ist zu weit rechts, Verkehrsschilder stören, ein Wolpertinger grinst deppert von rechts aus einem Schaufenster, der Motor stirbt ab, sie fahren wieder zu schnell, nochmal zurück, jemand hupt, Touristen deuten auf sie. Endlich: *Action!* Schosl reagiert pflichtbewusst überrascht: *Uhi schau, ein Totenbrett.* Der Redakteur: *Was empfinden Sie?* Schosl erzählt nochmal das Gesagte und fügt an, dass er die aktuelle Entwicklung der Verhinderung der Erlösung bedauere. *Wie bitte? Aber hallo, das können wir nicht senden, das ist viel zu engagiert, wir wollen unterhalten, nicht nachdenken lassen. Die Gaffer draußen schalten sonst weg, Sie sind ein Quotenkiller!* Vorwurfsvoll und sehr deutlich poltert der Redakteur: *Und was soll dieser Dialekt? Das kapiert kein Münchner. Konzentration, Sie schaffen das.* Das Team rüstet sich für die Wiederholung. Action!

Sie fahren im Bogen neu heran, langsam über die Kreuzung, behindern den Restverkehr, biegen ums Eck, überrollen einen Randstein, fahren auf die Totenbrettgruppe zu und Schosl wieder spontan *Uhi schau, Totenbretter* und empfindet *eine Segmentierung der Tradition von parallel fundamentaler wie ignoranter Dimension. Die Pietätlosigkeit der regionalen Identität gegenüber führt zu einer rigorosen Deformation, die in ihrer Emanzipation den Heimatbegriff exemplarisch dominiert und sich so über eine grandiose Internalisierung zu dieser innovativen Destruktion stabilisiert. Die Symbole einer Region werden erst sanktionslos missbraucht, dann wird der selbst initiierte Verlust bedauert, eine klassische Win-win-Situation, ein kulturelles Trouble-shooting durch outgesourctes Brauchtum. Uns genügen Kopien und Events. Aber jedes Heimat-Deko mehr ist ein erneuter Heimatverlust. Bayern wird Kulisse. Aber was bitte liegt hinter Bayern?*

Entsetztes Schweigen! Dann die knallharte Abrechnung: *Dem Publikum ist dieses Intellektuellen-Geschwafel nicht zumutbar, warum kapieren Sie nichts? Herr Schosl, Sie müssen Oberflächliches erzählen, die Quote ist wichtig, nicht der Anspruch. Bleiben Sie bedeutsam aber banal, sagen Sie: Das Totenbrett ist aus Holz.* Schosl will erklären, dass er auf die Jetztzeit eingehen wolle, dass er sich auch sorge. Aber das Kommando *Action* tritt jeden Gedanken aus. Sie sind wieder on und

rollen erneut über die Kreuzung, langsam, um sie herum Verkehr, Schilder, Randsteine, blinkende Lämpchen, Blumenkübel, gaffende Passanten und grinsende Wolpertinger, und Schosl empfindet spontan: *Uhi schau, ein Totenbrett*. Er nennt es die Multikultur des Waldlers, früher sollten sie vergehen, jetzt müssen sie bleiben, das ist die Umkehrung der Tradition. Jeder tue, was er wolle, und organisiere so eine individuelle Spaß-Heimat. Das sei eine Haltung, die weit in die Zukunft weise. Und als besonderes Zeichen seiner Bemühung, banal zu sein, fügt er an: *Das Totenbrett ist aus Plastik*. Die Fernsehleut lächeln, super, jetzt haben sie es drin, sie sagen noch *geil, diese Totenbretter* und recken erleichtert ihre Daumen hoch, sie haben Regionaltypisches eindrucksvoll gefilmt, einen Titel werden sie noch finden, Schosl schlägt vor: *Brett vorm Hirn*.

Schon eine Woche später flimmert in 800.000 bayerischen Fernsehern der Nebelschwadenwald im Gegenlicht bei Sturmgebraus, Wolfsgeheul und Zitherklang. Die Kamera schwenkt vom großen Holzstoß auf eine schiefe Hütte, aus deren knarzender Tür eine alte, gebeugt gehende, schwarz gekleidete Frau tritt. In der rechten Hand hält sie einen Rosenkranz, links ein Bauernbrot, und die Melodie *Annamirl z Haustoa* ist der Szenerie als Atmo unterlegt. Sich ständig bekreuzigend schlürft die Alte zur Totenbrettgruppe und der Sprecher erzählt gedämpft, dass im Bayerischen Wald noch heute eine große Armut herrscht und die Einheimischen, die Woldara, ausschließlich damit beschäftigt sind, den aktuellen Winter zu überleben. Eine Krähe krächzt, der Schnee rieselt leise und *Waldwoge-TV* hat berichtet, wie es nie war. Nicht nur das Totenbrett verfällt.

Heimattrumm

Beim abendlichen Entstressungs-Walking mit Hund hat der Hawaii-Sepp ein nachhaltiges Erlebnis. Aufgeregt schnüffelnd und winselnd zerrt ihn sein Lumpi an das Eck eines Stadels. Herrchen schaut genauer und wird blass, vor ihm liegt ein verletztes, frierendes, weggeworfenes Trumm … Heimat. Der Hawaii-Sepp ist fast erschüttert, es erinnert ihn an Vergangenes und Wertvolles. Er wird das Trumm apportieren lassen, es tut ihm einfach leid, wie es so im Dreck liegt. Obwohl seine Gedanken zwiefach sind, er weiß, dass deswegen seine Bekannten den Kopf schütteln werden.

Das Heimattrumm steht dann am Fensterbankl, in der Schrankwand oder neben dem Farbdrucker und einige von Hawaii-Sepps Besuchern reagieren tatsächlich warnend, es schmutze doch, was solle das überhaupt? Andere sind begeistert, weil es so gemütlich sei, wo habe er es gekauft? Sepp selbst wird unsicher, er will keinesfalls als Sonderling gelten, schließlich will auch er die Zukunft meistern, mobil, global und offen für alles, das von irgendwo herkommt. Da ist Heimat hinderlich, also weg damit! Aber wohin? Zum Sperrmüll? Ist Heimat sperrig? Weil die Brauchtumstonne übervoll ist, bleibt die Biotonne, immerhin ist Heimat schon stark verrottet. Oder ist sie wertvoll als Sondermüll? Kann sie zu Souvenirs und Heimat-Deko recycelt werden? Soll er die Heimat in den Wald werfen, also regionaltypisch entsorgen, oder, zeitgemäßer, im Allesbrenner der häuslichen Zentralheizung abfackeln?

Wohin mit Heimat, wenn sie unbrauchbar ist? Dabei strahlen Heimattrümmer diesen seltsamen Zauber aus, sie repräsentieren das Paradoxe zwischen Wegwerfen und Erinnern. Leider wiegelt der Museumsleiter ab, er hat genug Vergangenheit aufgebahrt, verwahrt wie Pflegefälle, die alle zwei, drei Jahre besucht werden. Vieles könnte er ausstellen, das Depot ist mit Trümmern vollgestopft, mit regionaltypischem Bauen zum Beispiel, er deutet abwertend nach hinten. Oder mit der Landschaftsverträglichkeit, beides war eine Zeit lang populär. *Da hinten ist jede Menge Dialekt, archiviert nach Zeiten und Orten, uninteressant*, bedauert er. *Nur die Erntedankkrone hier*, schmunzelt er, *wird einmal pro Jahr beachtet – ohne Heimat-Suchhund.*

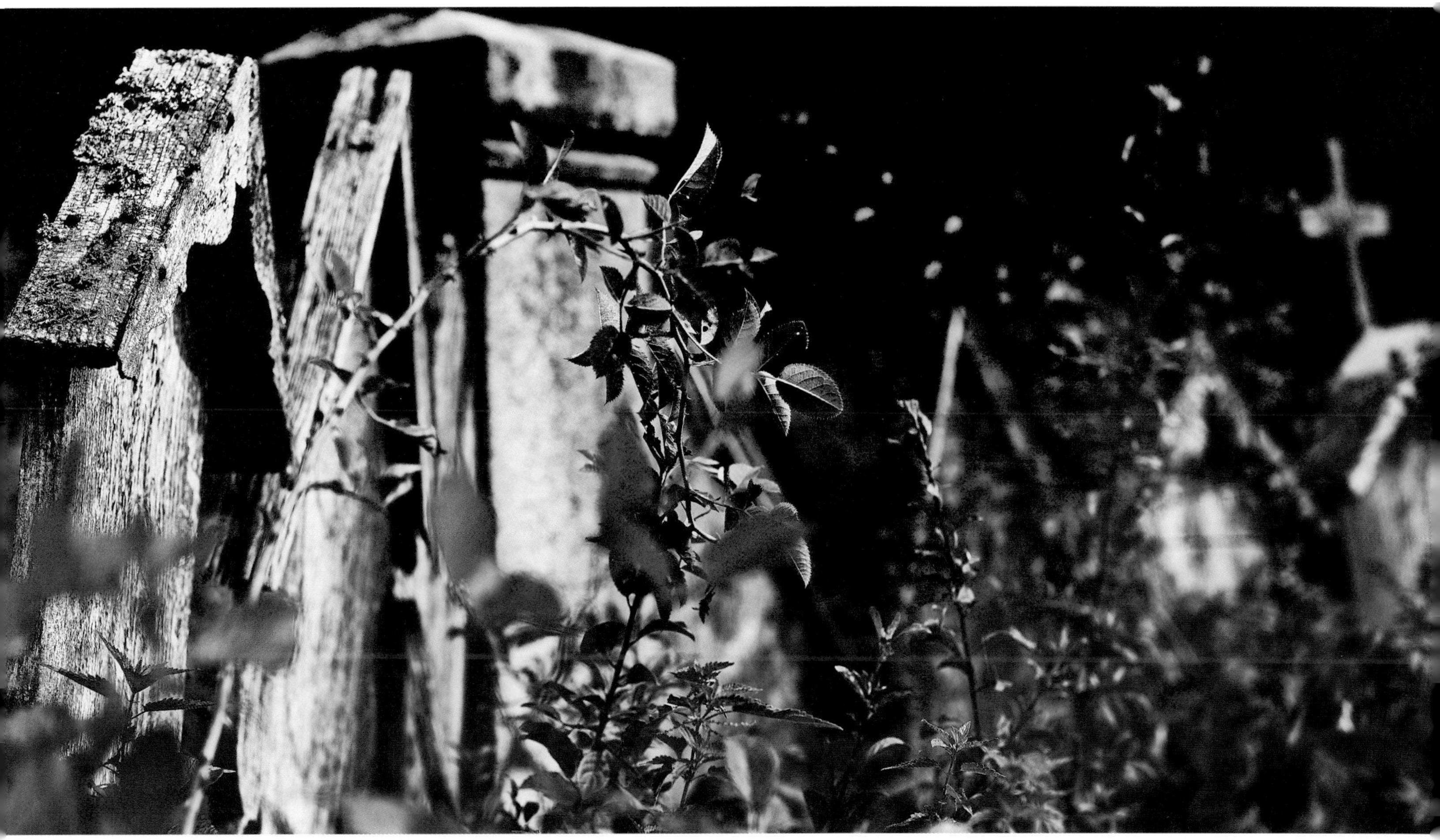

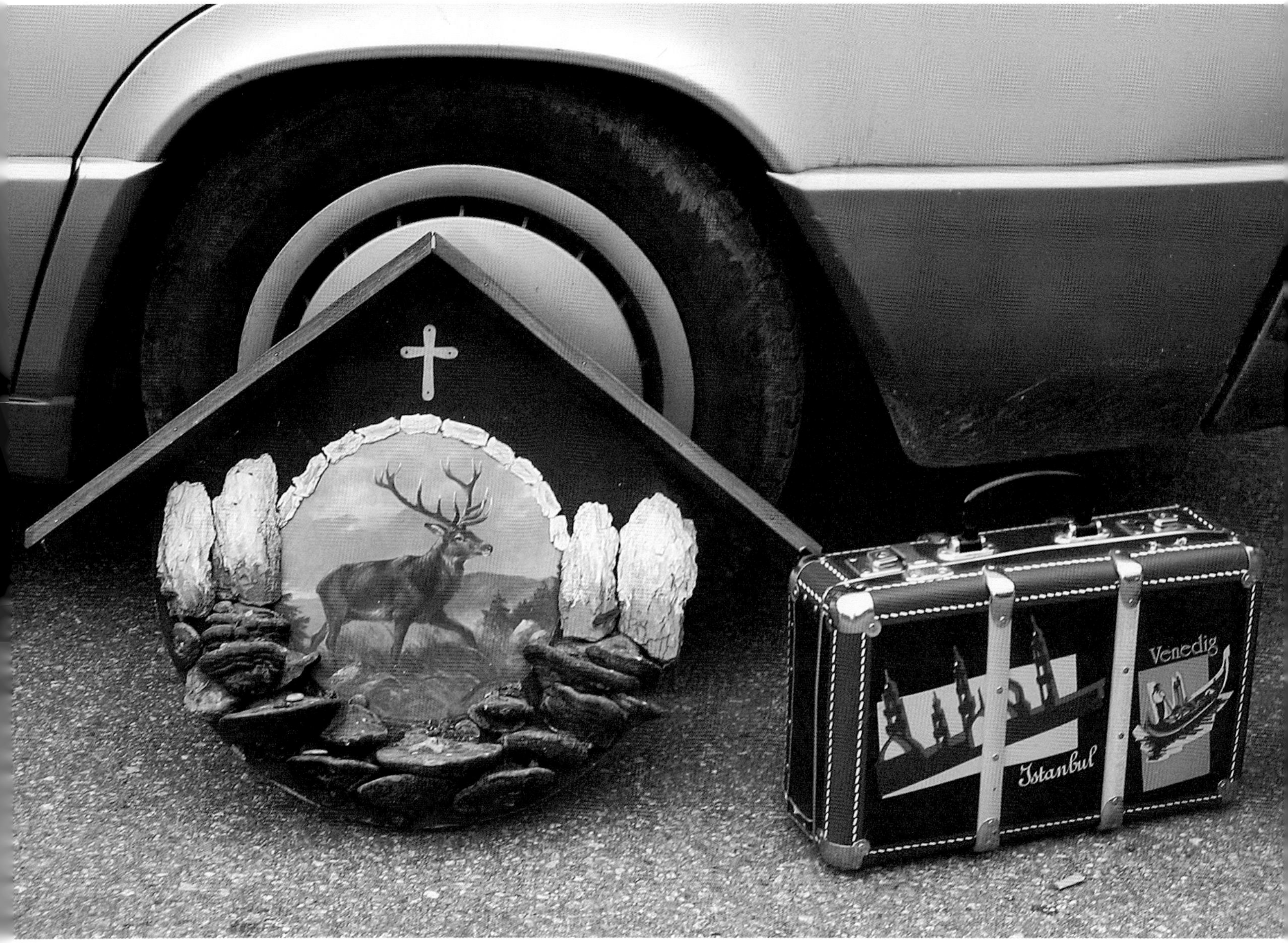
Venedig
Istanbul

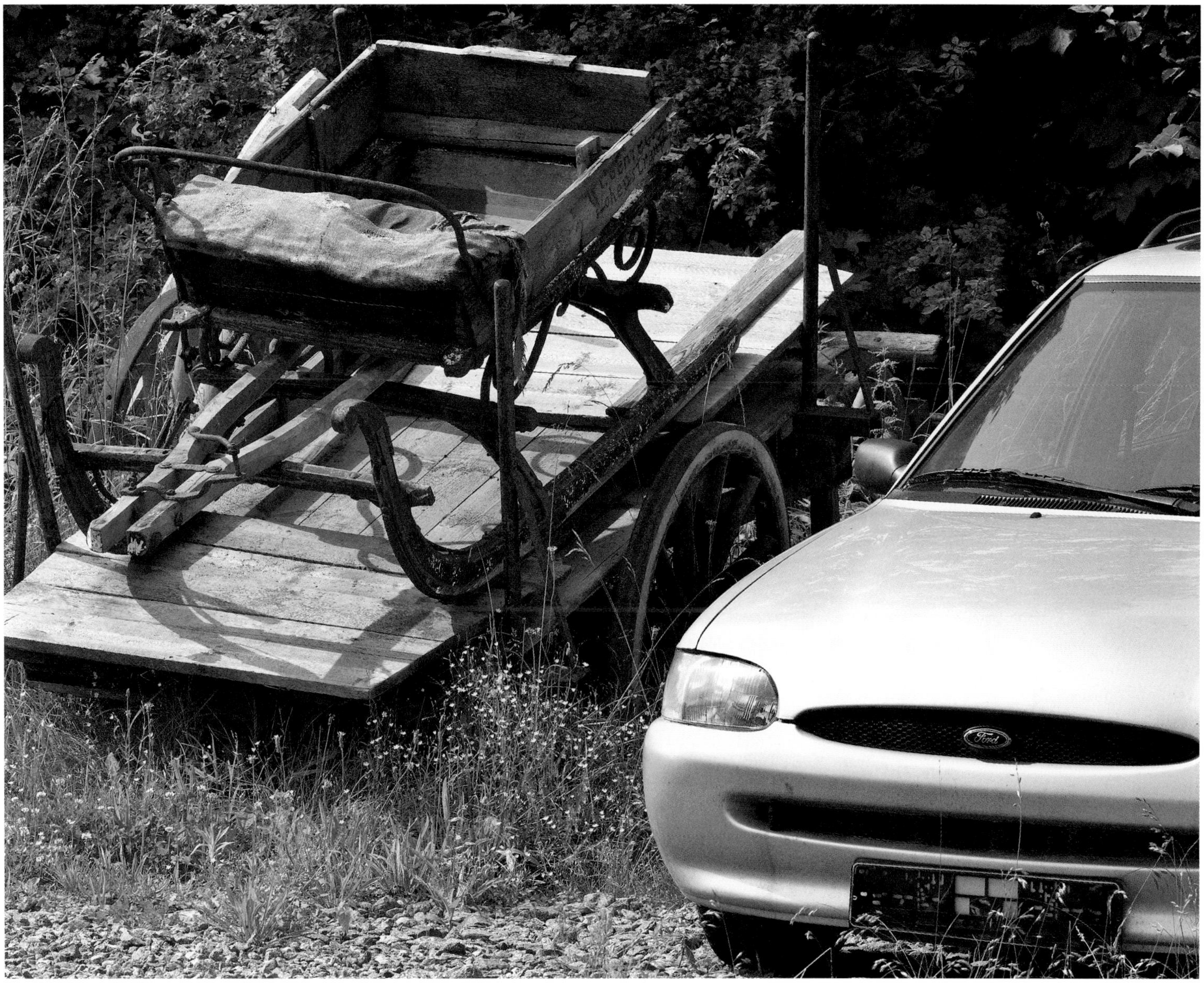

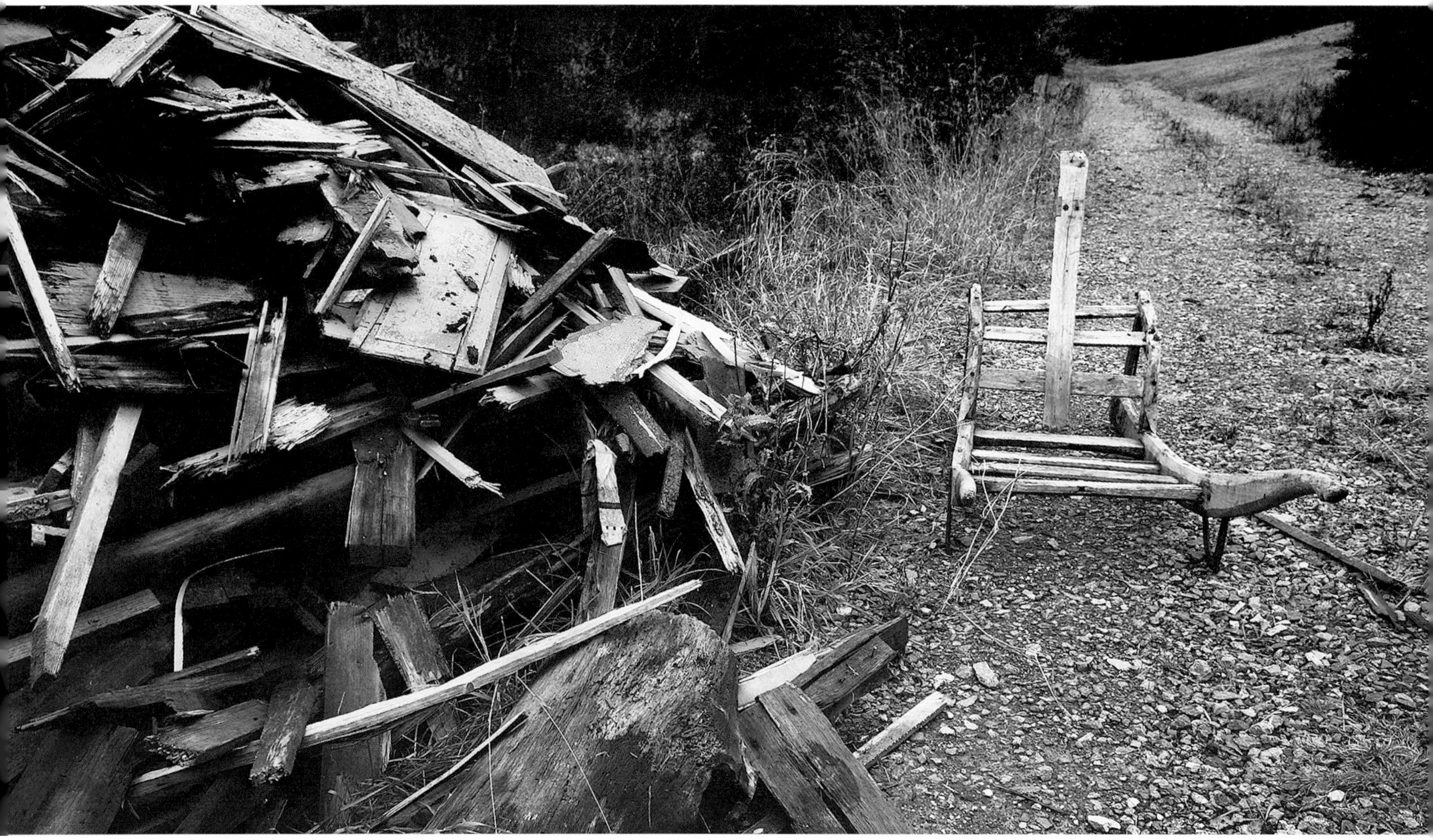

39

Waldlerblues

Hinterkirchreuths Tourismuschef und Prospektor Lui ist outburned. Zu wenig bewegt sich in seinem Sinne, er attestiert sich einen ihn therapierenden Einkehrtag im s'Stüberl. Ein Grund ist die wachsende Erkenntnis der Notwendigkeit, das *Hinter* aus dem Dorfnamen zu streichen, das Alte. Andererseits installiert er unaufhörlich die Alt-Variante, laut der die Waldler permanent in Tracht gekleidet mit Pferden durch die unberührte Natur pflügen und ihr tägliches Brot backen. Wenn Norddeutsche verwirrt anfragen, ob sie Messer und Gabel mitbringen müssen, erkennt er schmerzhaft, dass er Abwesendes vermarktet, Gäste finden weder Holzhäuser noch Ackergäule. Wieder hofft er auf ein Kultur-Center, auf ein Gebäude als Lösung, auf *Heimat-all-inclusive* anstelle der verkrusteten Heimatdiktatur mit Schweinsbratenkönigin, Ozapft-is-Brimborien, Landhaus-Rüscherltracht und Oachkatzlschwoaf-Dialektkursen.

Schon länger begrüßt er am Kircherl mittlerweile alleine die Busgruppen per Willkommens-Schnapserl, er enträtselt deren Essenslisten, doziert Historisches und knipst die Gruppen für die jeweilige Heimatzeitung mit ihrem Bus als Hintergrund. Der Schosl dengelt seine Sense, ein Glasschleifer graviert die Gästenamen in Original-Bayerwald-Bierkrügerln aus Taiwan, der Mühlhiasl-Männerchor singt *s'Gamsgebirg* und Jasmin und Pamela reichen Holzbackofenbrot mit Presssackhäppchen. Wenn Lui den Schmankerlsnack beschreibt, gelegentlich auf Englisch, spürt er die Verwunderung über die regionalen Essgewohnheiten. Aber wie soll er Sauschwanzl, Blutrühren und Ohrwaschln appetitfördernd vermitteln?

Mach dir Gedanken, motiviert Jens-Uwe, den auch das Statische des dörflichen Tourismus beschäftigt. Aber wie, wenn im s'Stüberl jene Schlag- oder Stichworte fallen, die Gedanken flüchtig machen, oder wenn der gesunde Menschenverstand wieder seine Veränderungsresistenz aufbläst und vom Tisch wischt, was er noch nie gedacht hat. Gedanken mögen Träume und Zweifel, sie sind selten. Besonders oft wird das s'Stüberl zur Heimatburg mit hochgezogener Zugbrücke, dann regiert der Dialekt über die Dialektik. Und genau dort, im Vertrauten, versucht Lui die Lösung zu finden, glaubt, sich im Kraftort s'Stüberl regenerieren zu können. Mit strahlenden Augen stimmt er die erste Strophe der Heimatoperette an und alle hören den Klang der Heimat in der Stecknadelstille:
Gsodlo – Gfrett – gaach – Gunkl.

Eine Wellnesswoge geht durch alle, und Lui formuliert den nächsten Psalm des Heimat-Mantras wie ein Muezzin vom Minarett s'Stüberl:
Brangsn – Bisgurn – Scherzl – grinte.
Die Mitmach-Runde startet der Schosl:
Zwengalan, wissta, Striggsn, aschleen.

Dann der Hawaii-Sepp:
Schpreisslen, hujschala, Schäsn, Imp.
Den Schluss setzt Pamela:
Gscheggad, scheppsn, Tranga, Gfure.

Alle laben sie sich an einer inneren Quelle, ihrem *da-Wold-is-schee-Feeling,* ihrem imaginären Sachl, vollgestellt mit Heimattrümmern, das sie jetzt betreten, die Welt ohne Stand-by, ohne Übernachtungsstatistiken, ohne Fernsehteams. Alle sind jetzt Holzhauer, Glaserer und Schwirzer und erinnern sich an den Durandl, die Glutbäume und das Waldvogerl. Draußen tanzen die Arbermandln ums s'Stüberl, der Böhmische Wind raffelt über das Schindldach und der Hawaii-Sepp spielt die Ari.
Lui setzt das Schlussverserl:
Wejdarawijll, meiledda, woaßtas no.

Er ist jetzt mit sich im Reinen, gute Gedanken waren im s'Stüberl, morgen wird er Gästen wieder lächelnd das Typische zeigen und das Grüßgottschnapserl schlucken können. So geht er durch den dunklen Wald in Richtung Erlebnisparkplatz und erschrickt. Eine mannsgroße Gestalt mit Cowboyhut und schwarzem Anzug steht vor ihm, reicht ihm einen Koffer und prophezeit: *Well, hier drin sind die richtigen Gedanken, nimm!* Lui packt wie fremdgesteuert zu, er spürt Lösung.

Während die Erscheinung wieder mit der Nacht verschmilzt, stammelt Lui *Wahnsinn* und hastet stüberlwärts. Er lässt den Verschluss des Koffers aufschnalzen und wieder zuckt er zusammen. Schmetterlingsähnliche weiße Wesen mit Buchstaben auf den Flügeln flattern elegant heraus, hunderte. *Wahnsinn* schreit Lui, er ist mehr fasziniert als verängstigt von den geflügelten Worten und entziffert einige:
MeetingPoint, Flying Dinner, Facility Manager, Mountain-Biker.

Lui, der Prospektor, ahnt neue Gedanken, vielleicht den Fortschritt. Immer mehr Worte umschwirren ihn und segeln dann Richtung Kircherl oder hinunter ins Dorf, schnell liest Lui noch *Social Meeting, Location, Enjoyment* und hastet zum s'Stüberl, um dort von der Eingebung zu erzählen. Aber an der Türe zur guten Stube hängt ein Schild: *Closed.*

Anfüttern

Monate später bekommt die Offensive wegen zwei sensationeller Ereignisse Energie und Qualität. Die Neuorientierung des hinterbayerischen Kulturtourismus wird künftig im Adalbert-Stifter-Visitor-Center zentriert, das der Gemeinderat einstimmig durchstellt. Wirkliches Interesse entsteht erst, als der Rohbau hochwächst. Das Center würdigt den Romantiker Stifter, der den großen Wald schon vor über 150 Jahren als sehr schön beschrieben hat, gültig für immer.

Die noch größere Sensation gibt der Offensive die allerechteste Qualität und Kontur. Als der Bürgermeister und Jens-Uwe den Rohbau des Centers besichtigen, hören sie ein Knacken und Flüstern im Unterholz und Jens-Uwe ertappt wild aussehende und mit Filz bekleidete Männer. Trotz Schreckmoment fotografiert er, dann schießt ihm das Dramatische durch den Kopf: Sie müssen es sein, die sagenumwobenen Urwaldler, die letzten Eingeborenen.

Tatsächlich hat ein Waldler-Stamm unbeachtet hinter der Zivilisationsgrenze im Hochwald überlebt. Jetzt wollen einige von ihnen den Geist Stifters treffen, den sie als gelegentlichen Besucher, fesselnden Erzähler und eindringlichen Ratgeber in Erinnerung haben. Stifter war beeindruckt von ihrem Leben im Einklang mit der Natur und warnte sie vor der Moderne. Weshalb die Urwaldler beschlossen: *Okay* oder, was wahrscheinlicher ist, *also guad*, wir bleiben in der Vergangenheit, im Urdorf benennen sie aus Hochachtung eine Gasse nach ihm. Doch die jungen Urwaldler wollen nun die Welt da unten kennen lernen, aus der Schosl als gelegentlicher Besucher kommt. Sie wollen nicht länger vor jedem Schwammerlsucher oder den Steckerl-Leuten der Nordic-Talking-and-Walking-Truppe davonhuschen müssen.

Jens-Uwe praktiziert sein freundlichstes Lächeln und setzt behutsam Schritt vor Schritt. Seit Jahren sucht er echt Altes, wieso hat er die Gerüchte von noch lebenden Urwaldlern nie ernst genommen? Dabei können sie der größte Garant für den Projekterfolg werden. Er fixiert den Vorderen, den Xav, den Häuptling, wie sich herausstellt. Xav ahnt das Schicksalhafte der Begegnung und reagiert regionaltypisch: *Wos soll des? Hej, weg mit dem silbernen Kastl. Geh weg,*

des wird nix! Kemmts Manna, mia haun ab, zruck in unsern scheena Wold, schnell.
Jens-Uwe und sein Bürgermeister sind platt und murmeln *Wahnsinn* und *des gibt's ned* und kapieren doch allmählich die Sensation. Schon steigern sie sich in diverse Verwertungsmodelle hinein und verplanen das Echte als Argument, das alle Kritiker verstummen lassen wird. Endlich hat das Konzept ein Ziel, die Hülle eine Qualität und das Kultur-Center einen Sinn. Aber wie kann die Win-win-win-Zusammenarbeit mit den Ureinwohnern realisiert werden, wo ist das Urdorf, welche Give-aways überreichen wir? Vielleicht die DVD *Echtes Brauchtum rund ums Jahr* oder einige sinnliche Heu-Packerln. Und wie kontaktiert man scheue Eingeborene? *Mit Anfüttern, mit ausgelegtem Futter,* weiß Jens-Uwe, so wie Touristen auf Schmankerln reagieren. Naheliegend sind ein Rankerl Geräuchertes und Brot. Doch der Erfolg tritt erst ein, als eine Pizza mexikanisch, ein Cola-Weizen und Tiramisu ausgelegt werden, ein Korb mit Schwammerln steht dagegen.

Xav, dem Häuptling der Urwaldler, ist klar, dass nun die Zeit der Waldeinsamkeit endet. So begrüßt er ganz besonders den Kulturausschuss und den *s'Ideen-Nesterl e.V.*, die mit mehreren Jeeps in den Hochwald fahren. Ein paar Urwaldler singen in einem unverständlichen Dialekt, Kinder tanzen den *Kikeriki,* Frauen treten das Spinnradl und belegen mit frisch ausgerührter Butter und frisch gezupften Kräutern frisch gebackenes Bauernbrot, altes Handwerk wird vorgeführt und ein älterer Herr dengelt eine Sense. Die sehr kompetenten Besucher lächeln gütig und notieren alles, schauen in die Schlafzimmer und die Kochtöpfe, fragen nach Rezepten und wie es sich so lebt. Schon auf der Rückfahrt werden der schlampige Rasen, die schmutzigen Wege, die überall herumstehenden Heimattrümmer und die schiefen Zäune als nicht satzungsgemäß kritisiert und der seltsame Dialekt und die falsche Tracht als unmöglich evaluiert. Eine verhalten positive Wertung erfahren lediglich die Handwerksvorführungen. Zum Abschied hat Jens-Uwe seine Email-Adresse diktiert und versprochen, das Kooperations-Konzept bald vorzulegen. Man wolle nur das Beste. Tschüss.

Die Schwammerlkönige
aus dem *Hinterkirchreuther Heimatboten*

Der mitgenommene Bürger

Das Urdorf-Projekt ist der einzige TOP der Sondersitzung der sehr geschäftig gewordenen und wichtigtunkönnenden Hobby-Heimatfunktionäre. Sie beurteilen das Geschehene und die Bereitschaft der Urwaldler, sich vorführen zu lassen, als stabile Basis für eine langfristige Verwertbarkeit. Das gilt es zu strukturieren.

Über halb verlegte Kabel, ausgepackte Monitore und surrende Maschinen erreichen die Teilnehmer das fast fertige s'Stifterstüberl im Center. Der Bürgermeister und Mr. John von *Vision_Village_unlimited* begrüßen alle Teilnehmer und wünschen sich eine gute Zuarbeit für das bevorstehende Große. Der Bürgermeister nennt es eine *kreative Mammutaufgabe, Hinterbayern zu einer uneinnehmbaren Tourismus-Hochburg machen zu dürfen.* Der Consulter erkennt die Landschaft als *voll unberührt,* als *coolen Urwald everywhere* und die Woodler, besonders die Oldies, als *very nice,* als *ideales endogenes Material.* Das Umsiedeln der Ur in ein Reservat mit artgerechter Haltung ist beschlossen, nur so können sie sich als Marke generieren. Die Sensation ist längst öffentlich, die Medien loaden permanent Fotos des ersten Meetings im Urdorf down, die Prospekte sind konzipiert, bis zur Eröffnungsfeier, zu der ein Minister kommt, wird alles *very perfect and nice* sein.

Hinterkirchreuths Bürgermeister begrüßt nun, er wird die Vorteile des neuen Konzepts verstellen, vor allem wird er die Arbeit der Natives definieren: *Wesentlich ist es, liebe Urwaldler, das zu tun, was alle erwarten, also das Typische. Keinesfalls dürft ihr von den harten Wintern erzählen, nichts vom Hunger oder Kinderarbeit und nichts von der Rolle der Frau im Waldlerdorf. Wiederholt ständig die zentrale These, dass früher alles hart aber sehr schön war. Dafür gibt es feste Fütterungszeiten, eine bunte Tracht, ein neues Urdorf mit Kassenhäuschen und einem s'Stüberl. Macht euch niedlich, geniert euch nicht!*

Etwas betroffen schauen die Urwaldler, wollen sie wirklich so modern werden, hatte Adalbert Stifter mit seinen Warnungen doch Recht? Xav, der nach vorne Schauende, mahnt Arbeits- und Pausenregelungen an, eine Betriebsvereinbarung für Trinkgelder, einen Zuschuss für die bunt-rüschelige Dienstkleidung, und fragt, ob das plastikverpackte Lebensmittelzeug wirklich verspeist werden muss. Die Stärke des Bürgermeisters, Widerstand durch Umarmung aufzuarbeiten, bewährt sich nun. *Das Industriefutter ist alternativlos, aber preist es als Schmankerln aus der Region, das schmeckt dann sofort allen.* Geschäftszeiten könne er bedingt zusagen, aber Hausschlachtung, Fensterln und Bauernhochzeit mit Ofenschüsslrennen müssen flexibel bleiben. Maßstäblich sei der ohnehin enge Kostenrahmen, keinesfalls dürfen Arbeitsplätze, der Standort oder das gute Preis-Leistungs-Verhältnis gefährdet werden.

Dann die Motivationspassage für die Reuther, doch bitte öfter mit einem Stifter-Buch durch das Dorf zu gehen, sich mit Schwammerln in der Zeitung abbilden zu lassen, weiß-blaue Fahnen zu hissen, den Touristen freundlicher zu begegnen. Das Corporate-Motto gilt für alle: *Niedlich und naturnah. Dübelt Wagenräder und lüftlmalt Pferdefuhrwerke ans Haus und nehmt einen Urwaldler zu Präsentationen mit, lasst ihn tanzen, bärwurzeln, dengeln, der Übernachtungsstatistik tut es enorm gut.* Die beiden Redner danken und motivieren nochmal mit einem *Packmas an.* Leider entfällt die Aussprache aus Termingründen, alle verlassen das Center über den Fluchtweg.

Schöne Aussichten

Unwissend, dass ihr Bestes schon längst passiert, möchten die Urwaldler selbst herausfinden, was nach dem Übersiedeln auf sie zukommt, die seltsamen Geschenke haben etwa verunsichert. Deshalb gehen Hiasl, Wenzl, Girgl, Wastl und Michl vorsichtig ins Tal und in ihre Zukunft. Wieder zurück im Habitat folgt das Reporting durch Hiasl: Die Häuser seien groß wie Schlösser und Männer und Frauen habe man nicht auseinanderhalten können, er glaube, dass es so weit sei, dass abgrammt werde. Nirgends habe er Hollerstauden oder Apfelbäume gesehen, überall gebe es so viele Straßen, man könne von der einen auf die andere werfen, und aus dem Brunnen dürfe niemand trinken. Eiserne Wagerln fahren überall, silberne Vögel schlitzen den Himmel auf und überall essen die Menschen Kuchen und reden dabei laut in ein Kästchen, das sie an ihre Ohren drücken. Große Wiesen sind ganz grau mit weißen Strichen und riesigen Hallen, noch größer als viele Schlösser, da wächst kein Gras mehr. Alles ist sauber und gschleckt, es gibt keine Gärten, keine Tiere, keine Bäume. Gefreut hat sie nur der Backofen, aber der war kalt.

Xav, der Häuptling der Urwaldler, bremst ab, seine Entscheidung, die Urwaldler modern werden zu lassen, darf ein Pessimist nicht zerstören. Das Neue ist beschlossen und mit dem Häuptlingskollegen aus dem Tal eingeleitet, die Einsprüche kommen zu spät. Er bremst Hiasls Reporting und erinnert an dessen Kernauftrag, vom Landratsamt die Mappe Leitbild Heimat zu besorgen. *Wie also bitte ist die aktuell definiert und somit unsere Neuorientierung? Hiasl lies!*

Heimat ist, zitiert stammelnd der Urwaldler die amtliche Festlegung, *das Singuläre der Akteure durch projektbezogene Kooperation, inhaltliche Koordination und fachlichen Benchmark zu bündeln zu einer integrierten, transparenten, dynamischen, innovativen und kooperativen Community*. Hiasl wiederholt den Text nochmal, flüssiger aber nicht verständlicher. Wieder kann er sich einen Kommentar nicht verkneifen, es handle sich, so sein Fazit, um einen *sehr komischen Dialekt*.

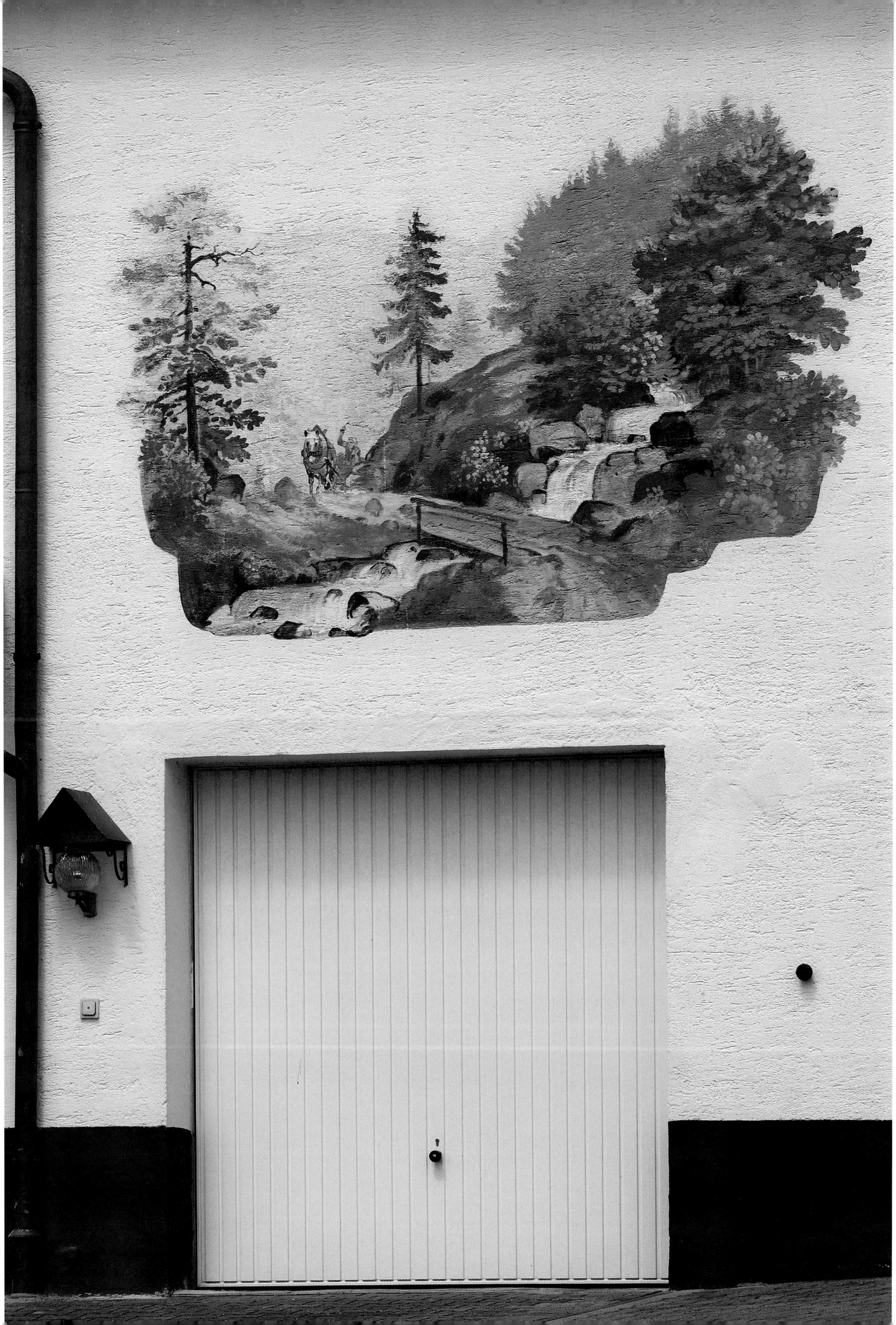

Adalbert-Stifter-
Geh- u. Radweg

Loipe

Café Bergland
Pilspub

Dorfstraße

49

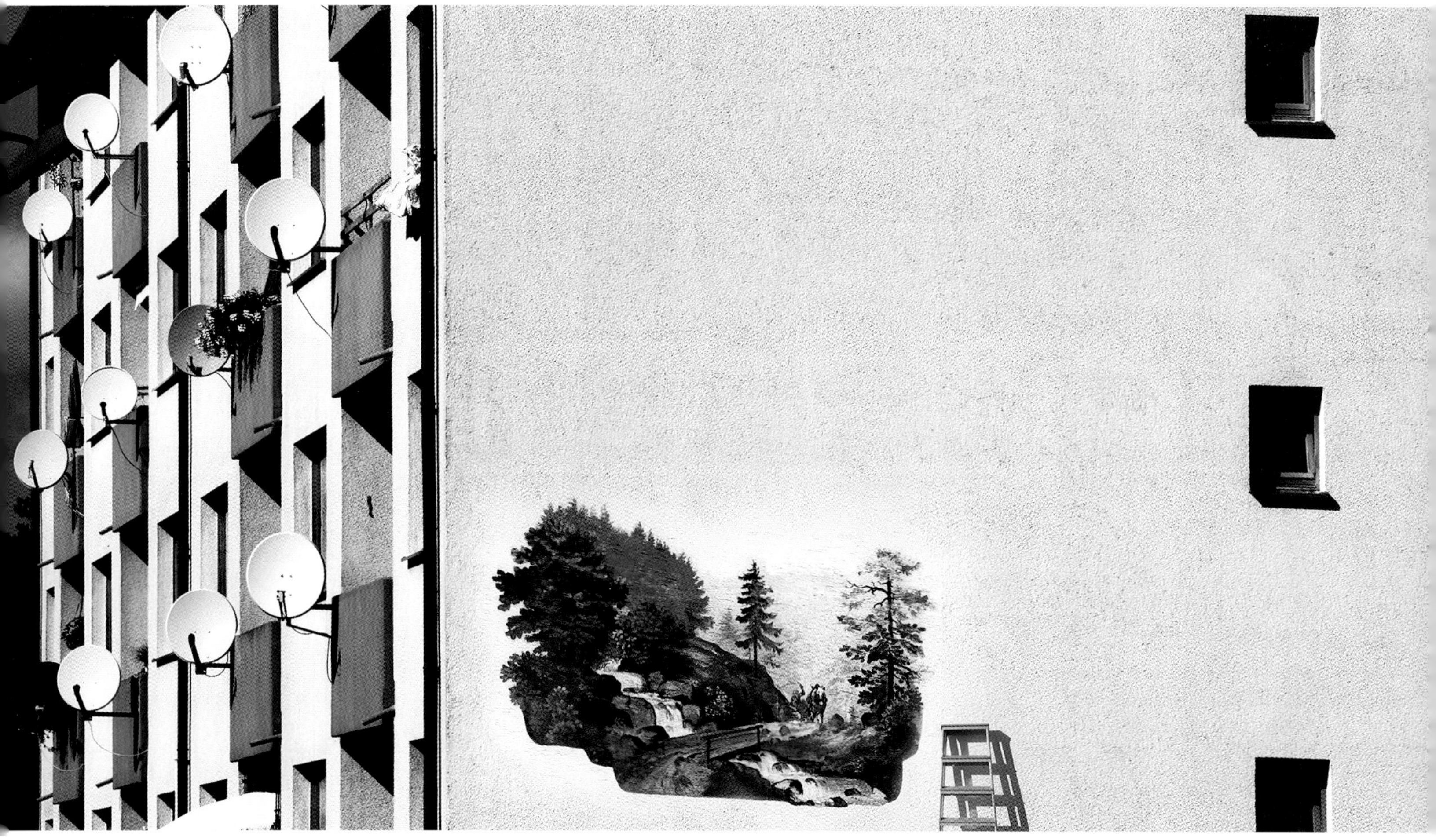

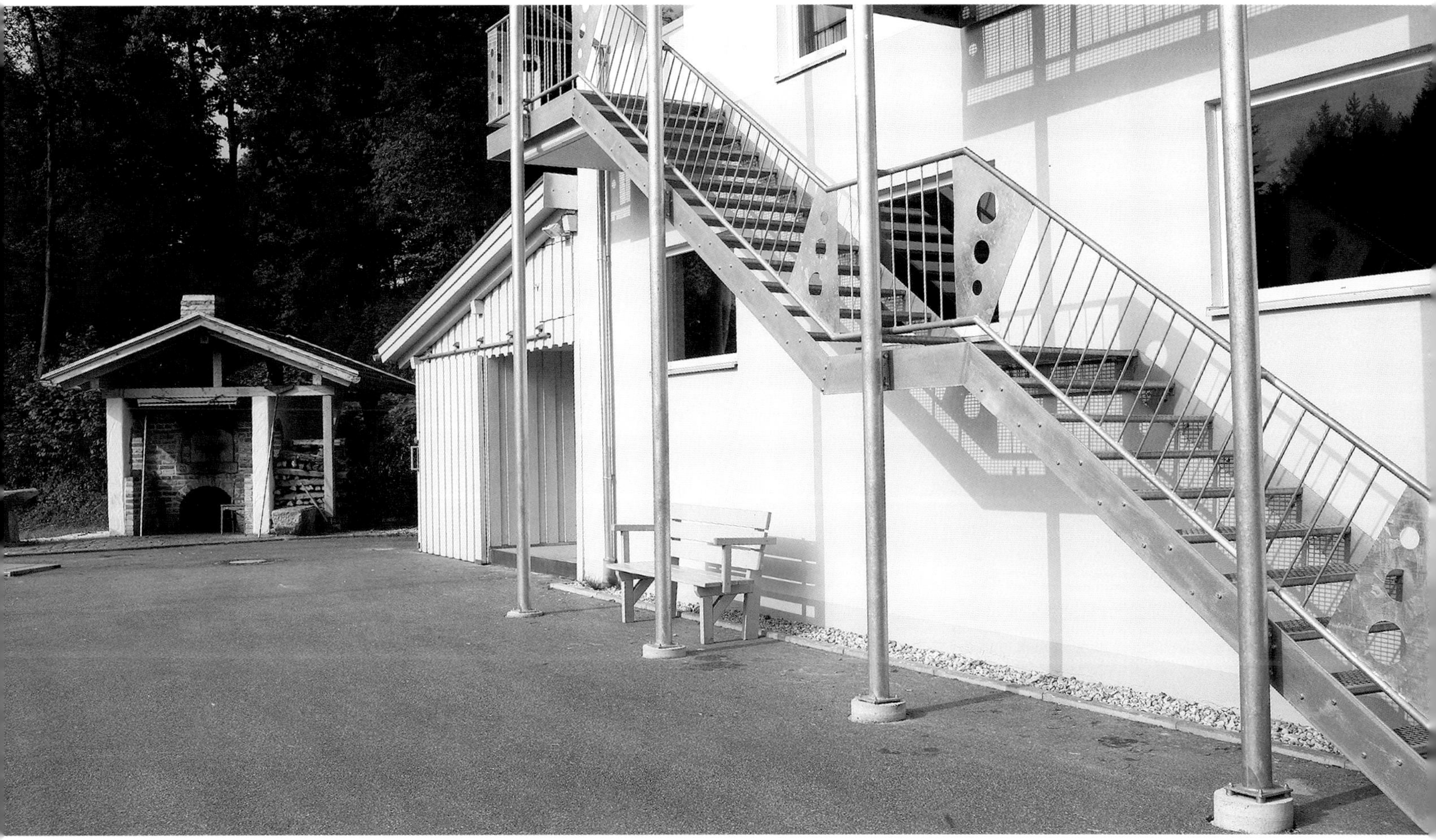

Gute Noten

Mit großem Interesse schlendern die beiden Musiker durch die Ausstellung *Muse(n)kuss*. Der Museumsleiter zeigt auf ein altes Notenheftl von böhmischen Wandermusikern, nennt es *einmalig*. Die beiden blättern interessiert darin und kommentieren die Läufe als *Wahnsinn,* die waldlerische Höchstform des Kompliments. Doch auch als wenig brauchbar wegen der Dröhndefizite, der Druck auf das Publikum ist kaum möglich, die Phasen für die clap-your-hands-parts fehlen. Erste Küsse der Muse haben sie eingängige Melodien und schöne Reime finden lassen, aber die beiden brauchen weitere Ideen für Arrangement und Marketing, sie müssen zurückküssen. Wie kann das neuzeitlich-nostalgische Image ihrer Volksmusik formatiert werden?

Wichtig ist der Band-Prospekt, das Image, denn das gilt ab dann kritiklos für alle für immer. Vorsichtshalber fotografieren sie die guten alten Noten und deuten und tuscheln. Vielleicht sollten sie mehr machen mit farbigen Instrumenten, faschingsähnlichen Trachten, mit Bauernhausrequisiten und mit dem Schriftzug *Hoamadl*. Sie fragen: *Sepp, können wir ein Jahrhundert hinzudichten, um alt zu wirken? Können wir muliti-kulti-cross-over spielen, ein Sax-Tremolo im 13/16-Takt einbauen und Hochton singen, ist das dann modern?*

Die Ausstellung des Museums zur Volks-Muse hilft, ihre Songs mit dem Flair des Altehrwürdigen aufzuladen. Ihr Prospekt wird das Gschamig-Gschmackige zentral vermitteln und zugleich suggerieren, dass Verkrustungen aufgebrochen werden, jede Redaktion wird das abschreiben. Denn wenn die Verstärker auf *Power* stehen und das das Boirische scheinliebende Publikum die sau-coole Trad-Performance hüpft, wird das zweifelsfrei als innovative Volks-Muse verkaufsfördernd verstanden und hoffentlich mit *sehr gut* benotet. Einem Musiker fällt die Erntedankkrone auf, bestimmt lassen sich noch ein Pferdegeschirr und ein Kupferkessel finden. Mit diesen Requisiten aus einem alten Waschzuber herauslächeln, noch ein paar Instrumente hochrecken und das Cover ist gestylt. Schon streicheln sie die Smartphones und posten den anderen Musikern den Termin des Fotoshootings.

Atem- und hilflos muss die Muse das alles mit sich geschehen lassen, Hauptsach, es wird die perfekte Ver-s'Stübeleierung. Weder Hobby-Heimatpfleger noch Volkskundler, weder Qualität noch Seriosität eilen der Volks-Muse zu Hilfe, immer respektloser wird an sie hingeschmust und ihr wird immer *schwindel*-iger. Doch die alten Akkorde des Notenheftls bleiben stumm. Es erfährt die letzte Ehrung durch den Kulturausschuss, der es in eine Vitrine des Center abschiebt. *Sind Prospekte der letzte Platz für Heimattrümmer?,* fragt sich der Hawaii-Sepp.

Beantragte Kultur

Patschnass sind die Sternsinger Kaspar, Melchior, Balthasar und ihr Sternträger, denn bei 32 Grad Hochsommerhitze vom Dreimeterbrett des Freibads in langen Kutten klangvoll herabsingen, dabei den Bischofsstab halten und den Weihrauchkessel schwenken, das würde nicht nur Zwölfjährige in Schweißausbrüche versetzen. Schosl will damit an der dörflichen Entwicklung teilhaben und wieder so locker wie früher seine Sense dengeln dürfen, das Kritischsein hat ihn zum dörflichen Oppositionellen degradiert. Sein Mitmachprojekt soll die Rauheit der Wolfausläuter mit dem sanften Gesang der Heiligen Drei Könige aus dem Morgenland ergänzen. Diese Kombination muss ein weiterer Eye-and-Ear-Catcher für Hinterbayern werden.

Kopfzerbrechen verursacht die Förderwürdigkeit des frischen Kulturgutes, speziell dessen Klassifizierung im Katalog der fördergeneigten Projekte des ländlichen Raums. Der kennt als Kriterien nur Hofnachfolge, Fuhrparkgröße und Kuhstellplätze. Gottseidank hilft der Bio-Abenteuer-Erlebnis-Bauer mit der Empfehlung, Identitätsbildung und Brauchtumserhaltung über alles zu stellen und eine wohlwollende Expertise des Kulturpapstes Jens-Uwe einzuholen. Der unterstützt mit der Auflage, die Hascherer ganzjährig bei Fußballpokalspielen, Maibaumaufstellungen, Ministerbesuchen und Freibaderöffnungen nutzen zu können. Die Behörde verlangt nur mehr jeweils eine detaillierte Dokumentation über Einsatzort, Besucherzahl und die Begründung, was bezweckt werden soll.

Zuletzt, so ist es Brauch und Sitte,
tret ich hervor mit einer Bitte.
Wir bitten Euch, Ihr wisst es schon,
um eine Gab' für die Tradition.
Drum öffnet willig Eure Hände
und gebt uns eine gute Spende.

Mahlzeit

Die Moderne und das Globale haben Hinterbayerns Alltag längst erreicht, ein Symptom ist das Fotografieren und Versenden von Speisen. Ganz oft vibriert oder klingelt seither das Smartphone, weil ein Absender seine unmittelbar vor dem Verzehr stehende Kulinarik auch seinem gesamten Bekanntenkreis servieren zu müssen glaubt, damit dieser Anteil nehme, neidisch schlucke oder einen guten Appetit digital zurückwünsche.

Längst sind auch Musikanten entsprechend aufgerüstet und somit permanent informiert über die Formen des Hungerstillens ihrer *Freunde*. Immer wieder signalisiert das Smartphone entsprechende Post, die Auskunft gibt, was Nahestehende in London, Tokio oder Unterhaching soeben genussvoll verzehren. Das traditionelle *Übers-Mahl-Spielen* ist um den virtuellen Mitesser erweitert, ist umgedreht, das Mahl kommt über die Musiker.

Aber auch ihrem nur drei Meter entfernt sitzenden Freund an der Trompete postet dessen Freundin ein Handyfoto ihres goldbraunen Schnitzels mit Kartoffelsalat und Ketchup im Plastiktuberl. Das ist für Trompeter ebenso unwichtig wie störend, denn die mitfotografierte Zitronenhälfte erweist sich als recht schädlich, sie verwässert hörbar das ausgerechnet jetzt zu spielende Solo.

Weil es mehr Musikanten so ergeht, verbreitet sich in der Kapelle zuerst Lustlosigkeit und dann Übelkeit. Vor allem letztere wird durch die fotografische Gleichzeitigkeit von Salat, Gulasch, Eisbombe, Brezn, Spiegelei, Haferflockenmüsli, Obazdn, Pudding, Kaffee, Torte, Radi, roter Grütze und Nudelsuppe bis zur Unfähigkeit addiert, weiter spielen zu können. Es dreht sich auch bei einigen Musikanten etwas um, was das Weiterspielen verzögert. Die dann wegen Erster Hilfe angerufenen Sanitäter verspäten sich, allerdings nachvollziehbar, denn als Begründung senden sie mit der Notrufbestätigung ein Foto von verzehrbereiten Lewakassemmeln.

Error

Als äußerst angenehm empfindet Mr. John von *Village_Vision_unlimited* die Hilferufe des Kulturausschusses und erhört sie. Hat es seinerzeit doch gewirkt, dass er versucht hat, wenn auch vergeblich, Dialektworte sympathiebildend nachzuahmen. Auch der Laptop kapierte sie nicht und reagierte permanent mit *Error*. Während einer Wolfausläuter-Performance etwa verweigerte das Gerät die Annahme des Spruchs *a druckas Koh in da Reahrn mog i aa no begehrn*. Selbst die Kulturausschussmitglieder mussten, konfrontiert mit diesen Botschaften, einerseits hilflos ihre eigene Brauchtumsentfremdung und andererseits ihren dringenden Aufklärungsbedarf eingestehen.

Das nach Mr. John ideale Gemütsmanagement umfasst die grundlegende Kenntnis der Kundenbeschaffenheit einschließlich der emotionalen Parameter, hier des Waldler-Gens. Ein spezieller Ort der Forschung und des Outings ist der Heimatabend im s'Stüberl. Bei den im Takt der Musik Holz Hackenden und beim griawigen Gstanzl-Singen mit unaufhörlichem Zuprosten schlägt das Waldlerherz in hoher Frequenz. Und wieder rätseln Mr. John und sein Laptop. Sätze wie *A Feserl Tschejst hod jeda Bilmas* oder *wers z nejde hod wiad luhda* demonstrieren ihre anhaltende Objektferne.

Die ist marginal. Selbst jene Reuther, die das allgemeine Dialektdefizit bedauern, lesen völlig entspannt das herumliegende Material des Tourismus-Points und der Werbung für *Climbing-Trainee, Trail-Running* und *Intensive-Mountainbiking*, ordern die *Chicken-Nuggets mit Kartoffelsalat* bei der Bedienung und interessieren sich für die herbstliche 1a-Wanderung mit Schosl durch den *Indiansummer in Boarisch Kanada*. Das ist der ideale Einstieg in ein modernes Guesthunting. Als dann die Musikanten auf der mit einer Hochgebirgskulisse mit Gletscher und Bergsee ausgemalten Bühne das *Woid-dahoam* aufspielen, hakt sich Pamela links, Jens-Uwe rechts bei Mr. John zum Schunkeln unter. Der Dialekt ist wieder Zierrat, was alle tun, kann nicht falsch sein. Was macht der Laptop?

Mr. John wühlt weiter in den Prospekten und entdeckt den von Lacklfing, einem Ort im nördlichen Hinterbayern, in dem er noch nie war. Dessen Prospektor hat offenbar schon gelernt, er nutzt für seine Öffentlichkeitsarbeit bereits die Textbausteine, die Mr. John propagiert:

Alle sind ferienglücklich, wir fühlen ihn, den Puls der Natur, hier, wo die Luft reiner ist als rein. Unten werden uns Wolf und Luchs empfangen, im Gasthof empfängt uns ein Kachelofen und mit den Bauersleut nehmen wir eine kräftige Brotzeit ein. Wir werden Tracht tragen, Brotlaibe aus dem Backofen holen, die Kinder sammeln die frisch gelegten Frühstückseier ein und werden so natürlich wie die Natur. Die Sonne malt Kreise, ein Schmetterling setzt sich auf eine Wiesenblume, von fern hört man Kinder lachen und wir fragen, können wir immer da bleiben beim blauen Himmel, beim Tannenduft, wo sich Löwenzahn und Freunde treffen bei einer Adventure Erotic Safari, einem Extreme Relaxing oder der Motorbike-GPS-Rallye over King Arber.

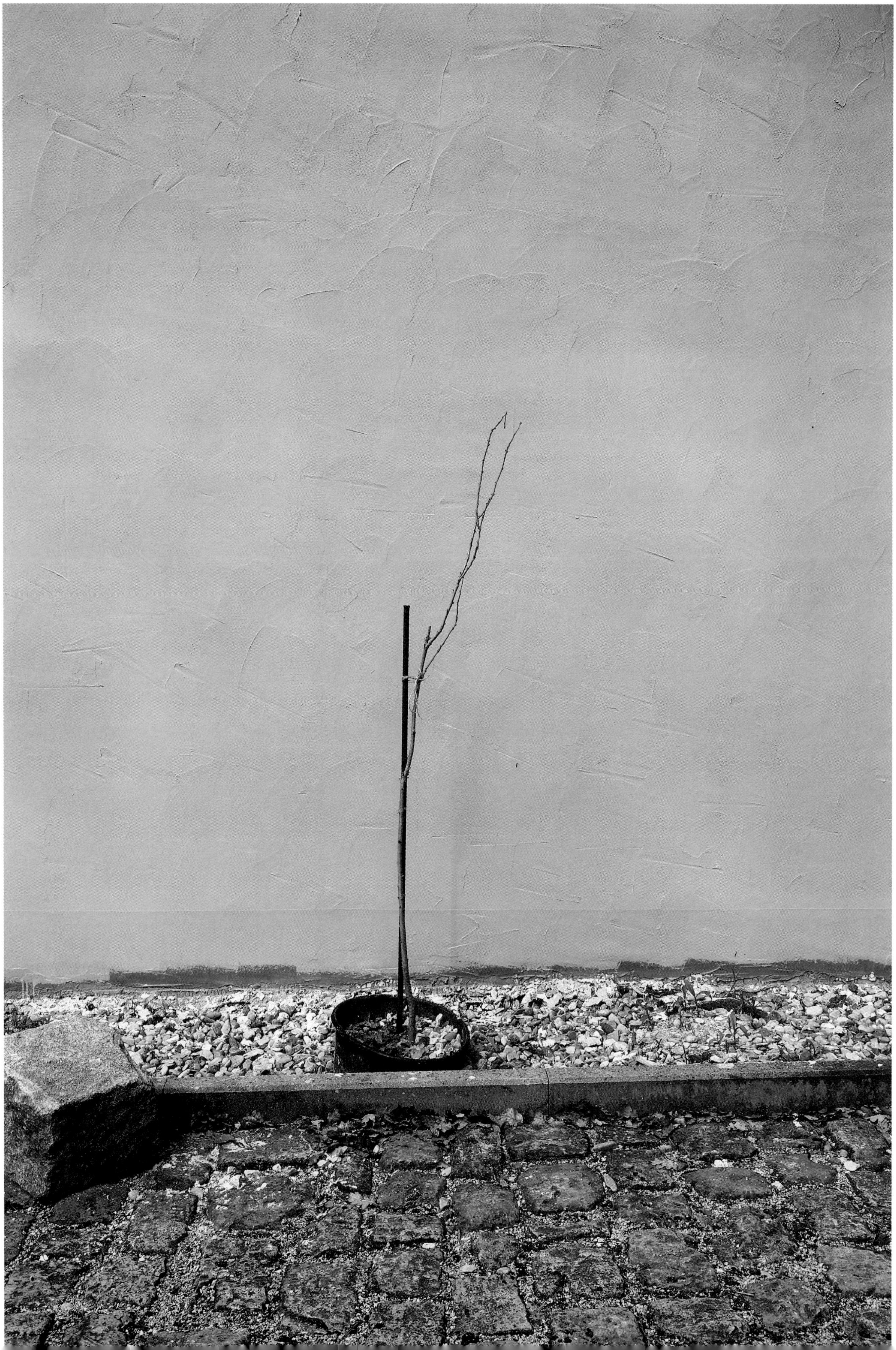

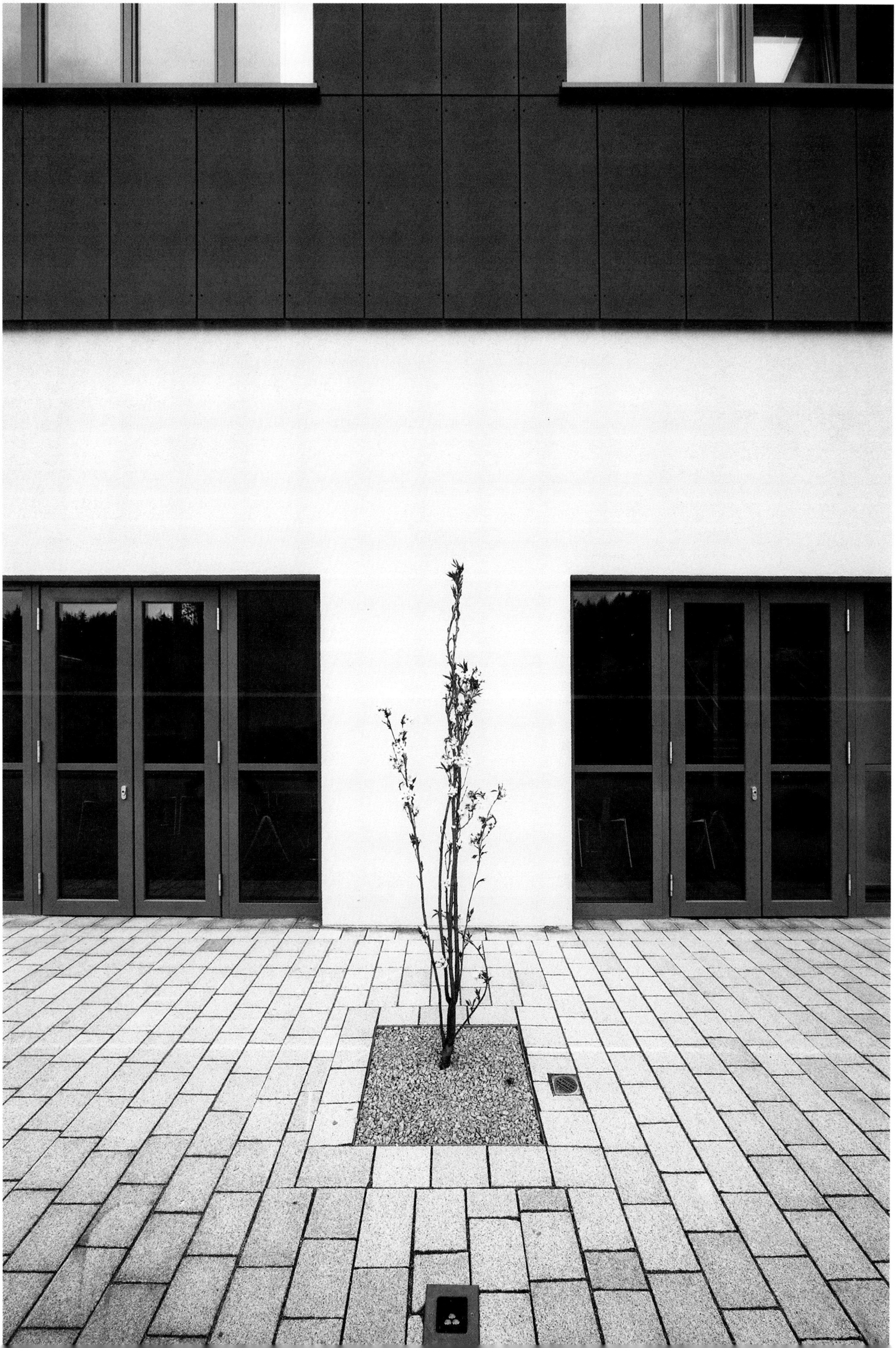

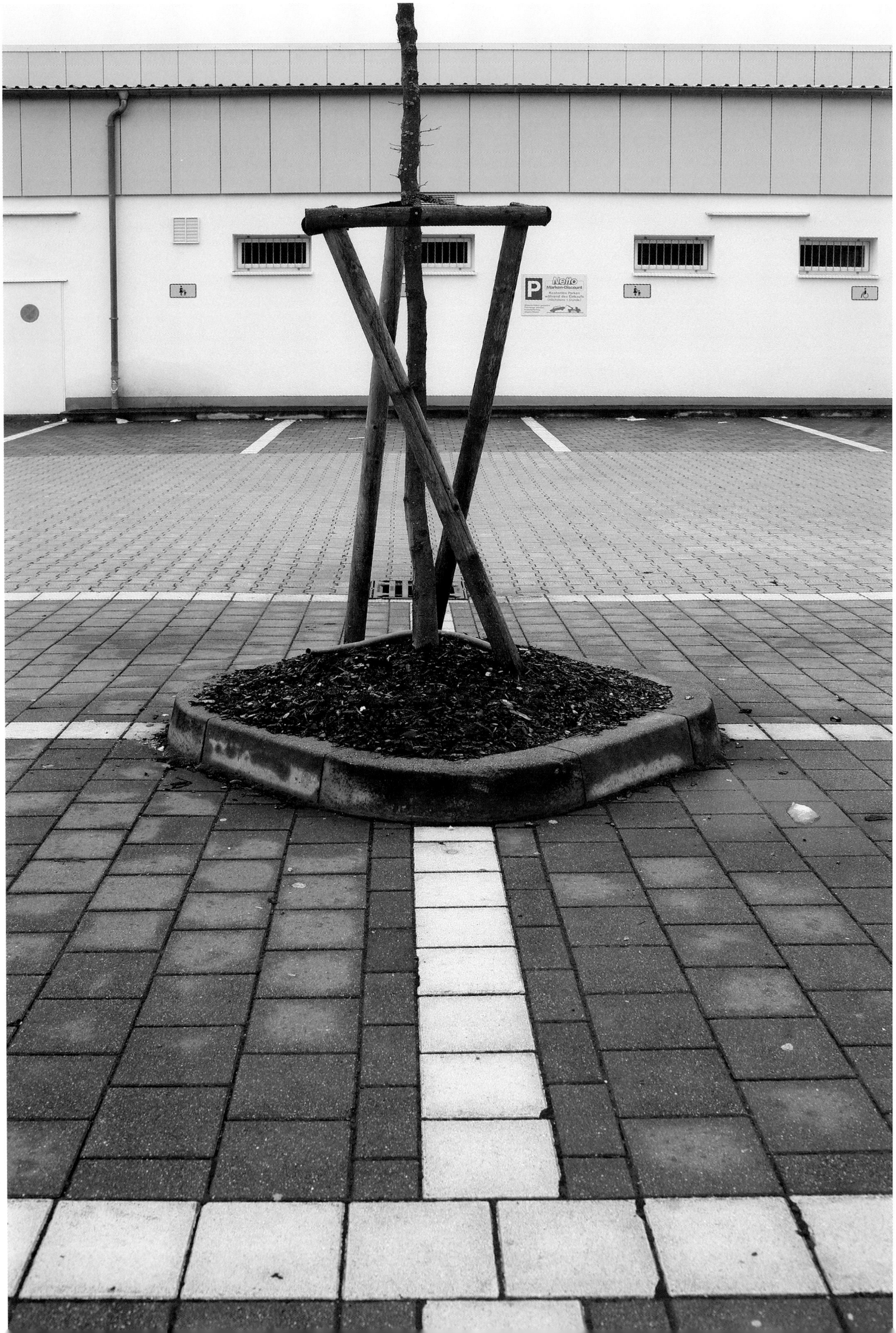
P
Netto
Marken-Discount

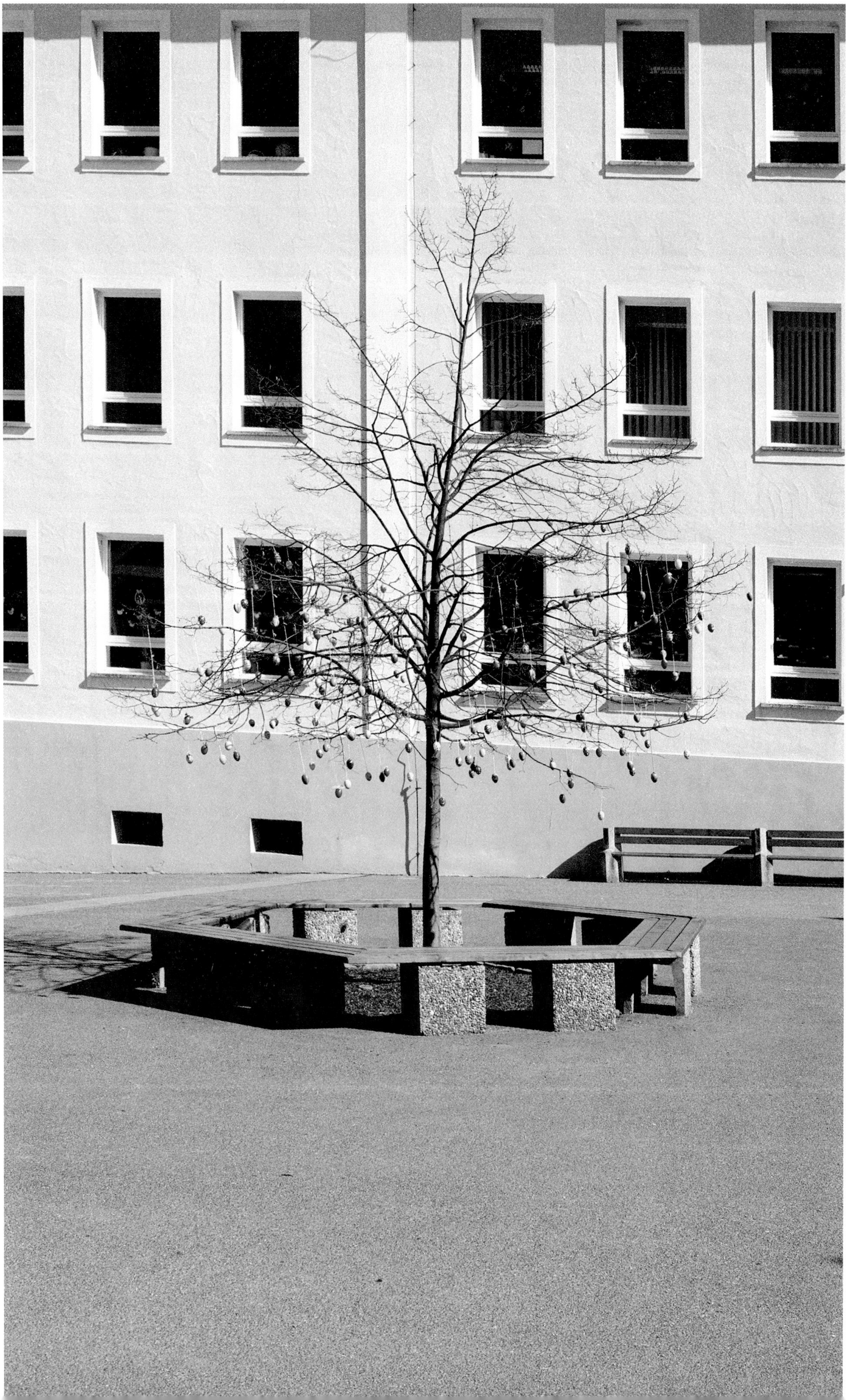

Ganz besonders begrüßen möchte ich,

sagt der Bürgermeister heute zum sechsten Mal, diesmal in ein halbwegs gutes Mikrofon. Gestern waren es vier Grußworte. Wieder überwindet er sich, das alkohollose Bier süffig-kräftig aus dem Maßkrug zu trinken, auf das Reinheitsgebot und die Gemütlichkeit anzustoßen, den Krug in Richtung Kamera zu halten, um bald weiterzufahren zum nächsten Grußwort-Ort Bierzelt, Festsaal, Eingangshalle, Gartenfest oder Konferenzraum und um wieder die gleiche Floskel aufzusagen und die Angst zu verdrängen, dass ein Schnapserl für alle gereicht werden oder er jemanden von der Kommunalprominenz übersehen könnte.

Ganz besonders begrüßen möchte ich ... er kann es nicht mehr hören, sagen und denken. Gestern wurde ihm sogar schummrig, alles drehte sich plötzlich, gerade noch hangelte er sich, kommunalpolitisch korrekt winkend, von der Bühne zum Auto, um irgendwie heimgefahren zu sein.

Die Nacht ist furchtbar, der berüchtigte Standard-Halbsatz bereitet Herzflimmern und Schweißausbrüche. Keinesfalls will er am kommenden Montag die Zeitungsbilder seiner Kollegen als Spatenstichler, Banddurchschneider, Urkundenhalter, Anzapfer, Klassentreffler, Vorstandsgratulanten und Prominentenhuldiger sehen. Natürlich ist es seine vornehmste bürgermeisterliche Pflicht, zu dirigieren, Freibier-Marken zu verteilen und ganz besonders zu begrüßen. Aber jetzt spürt er das Gesundheitsgefährdende dieser Amtspflicht. Die allereinzigste Lösung ist der Rücktritt, aber da wäre das Aufwachen noch schrecklicher.

Tage später beschreitet er wieder pflichtbewusst den Leidensweg und packt mehrere Selbstbinder, zwei Trachtenjanker, Mineralwasser und Kopfwehtabletten ein. Stabil ist nur eines, der Text. Heute muss er fünfmal ran und alle Festgäste und Gäste wieder ganz besonders herzlich begrüßen, ihnen zulächeln und vortrinken. Wo ist er eigentlich? Was? Er muss hier nicht ganz besonders begrüßen? Er ist nur Ehrengast? Hoffentlich wird er bei der besonderen Begrüßung nicht übersehen.

Die Fest-Proster
aus dem *Hinterkirchreuther Heimatboten*

Pressetermin

Ganz besonders herzlich begrüßt der Bürgermeister zwei Dutzend Medienvertreter im Brauchtums-Koordinierungsbüro zur Vorstellung des Event-Wochenendes *Tradition and Pleasure*. Die hinterbayerischen Feste *Christmas-Night, Indian Summer, Halloween* und *Almabtrieb* werden zum sexy und super-coolen *Hoamadl-Revival-Pool* fusioniert. Das erlaubt den Verkauf von Weihnachtsartikeln im Sommer, die Wolfausläuter verschenken Ostereier und das Sonnwendfest wird mit dem Schnee-Heijng zur *Summer-Snow-Shipping-Show* kombiniert.

Die Pferdefreunde werden herzhafte Rosswürste verkaufen, der Geflügelzuchtverein Hendlhaxn und die Petrijünger Waldbachforellen grillen, frischhandgeangelte, wie Letztere betonen. Dirndldeandln servieren gut gepflegtes, altbayerisches Reinheitsgebotsbier, schussfrisches Ragout vom regionalen Rch, erlegt von Ökojägern, mit handgedrehten Ritscheknödeln.

Das Schön-Literarische, wie es Adalbert Stifter verkörpert, bleibt Markenkern, erklärt das Dorfoberhaupt, andere Autoren können zitiert werden, aber ausschließlich uralte, sentimental machende, den Wald romantisierende. Auch das Publikum kann deren Texte vortragen, um das schaurig-wohlige Gefühl zu erspüren, richtiger Literatur zu begegnen und dabei Ruhe zu finden in dieser ach so hektischen Zeit. Im Rahmen des neuen hinterbayerischen Gemütlichkeits- und Gästebewirtschaftungskonzepts steht die Verlegung des neuen Backofens zum Center an, zur Alten Mitte, extra für die Presse einschließlich Betrieb. Zwischen Feuerlöschern und Belehrtafeln backen die als Ur-Oma verkleideten Damen des *s'Ideen-Nesterl e. V.* mit der noch rechtzeitig erfundenen Urwaldlerbrot-Fertigmischung das Symbol der Ländlichkeit und des Kernig-körnig-gesunden. Den Presseleuten wird jeweils ein Laib geschenkt, sie sind begeistert, sie haben nicht nur authentisches Bildmaterial, sondern ein tolles Mitbringsel.

Sterne ausläuten

Nicht wirklich überrascht sind die Journalisten, als sie von Wolfausläutern mit Krach und von Sternsingern mit Liedgut empfangen werden:

Wir heiligen drei Könige mit unserem Stern, wir ziehen durch die Lande und suchen den Herrn. Uns hindert kein Schnee und kein Wind. Wir singen und eilen zum himmlischen Kind. Ich heiße Melchior und trage von Gold eine Kron, die tu ich schenken dem Kinde, dem göttlichen Sohn.

Wieder klicken alle Kameras, die Mikrofone recordern die tolle Atmo, Schosl dokumentiert, Jens-Uwe grinst ihm zu und startet die Präsentation des neuen Prospekts. Den verteilen die Sternsinger an die neugierigen Medienleute, sie bitten die Beteiligten darum, nochmal Prospekte hochzuhalten, gleichzeitig:

Ich Kaspar habe ein schwarzes Gesicht, aber im Herzen ist Weihnacht und Licht. Ich bin der Balthasar und sage euch offen und ehrlich, das Geld ist rar. Drum spendet ein Scherflein und tut es hinein, es wird euch im Himmel der Dank sicher sein.

Köstlich, so very nice, die Medienleute schwärmen. Gutgelaunt schlendern sie durchs Dorf zum blumengeschmückten Leiterwagen beim weiß-blauen Fleischpflanzerl-Point, dort munitioniert Wirt Luigi seine Schmankerl-Kanone für sein altbayerisches Knödel-Wochenende. Die von der Kommune spendierten Weißwürste sind fertig, Gottseidank ist es noch nicht zwölf Uhr, Jens-Uwe demonstriert das richtige Weißwurstzuzeln und einige Bauernbrotlaibe werden angeschnitten.

Der Bürgermeister erzählt die Anekdote vom Maibaum gegenüber, an dem die Sternsinger zwischen die Adventskerzen und die Firmenschilder ein Banner mit dem Spruch *A dreiviertel Jahr Winter, a viertel Jahr kalt, Boirischer Wald* hängen wollten. Das konnte der *Tradition-and-Pleasure*-Festausschuss im letzten Moment stoppen. Das Zitat ist kontraproduktiv, es wäre *koawerbungned,* das völlig falsche Zeichen. Hat niemand zugehört? In die Marketing-Instrumente gehört das Neue.

Gehängt wird: *Woodwave over woodwave till the last, Reuth, future out of past.*

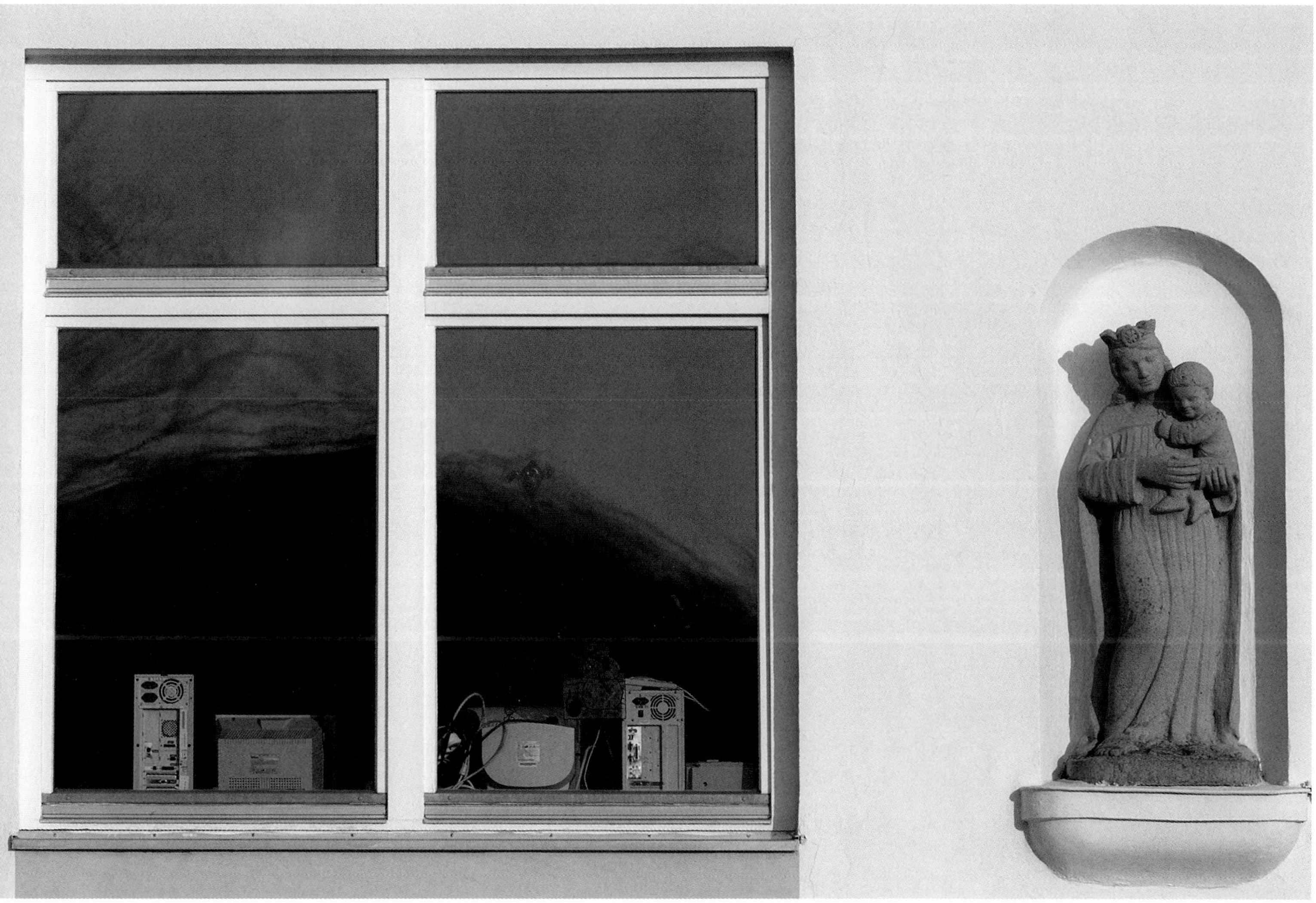

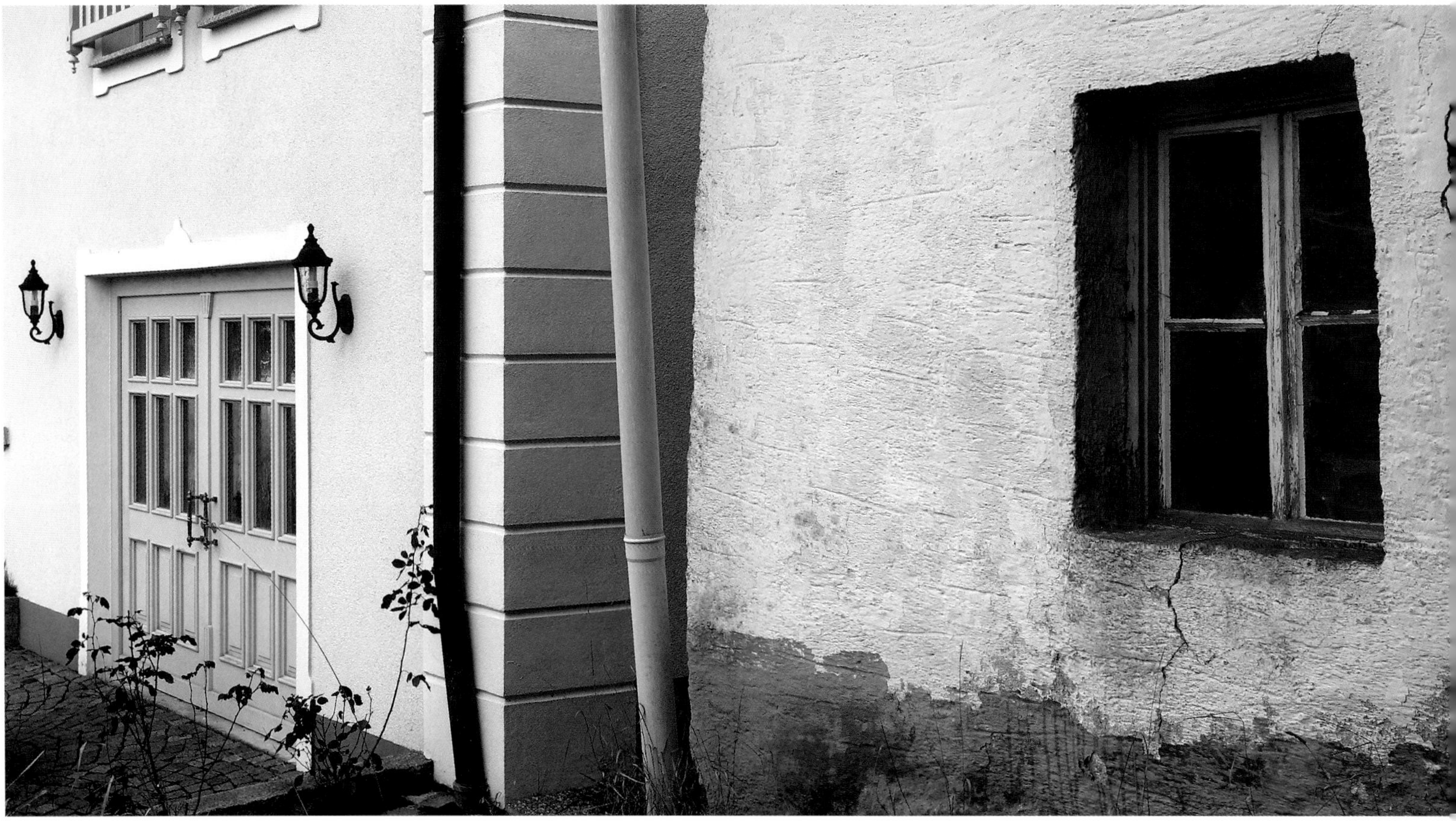

EIN-UND AUSFAHRT
PARKEN VERBOTEN
EIN-UND AUSFAHRT
PARKEN VERBOTEN

Nestlé
Schöller
EIS
neu
Caretta
ORANGE
Nucki
1.30
0.70
Tropsy
Macao
Macao

Maibaum eins

Auch der Maibaum muss innovativ werden, eindeutiger das neue Brauchtumsbewusstsein zur Schau stellen. Der *s'Ideen-Nesterl e.V.* beschließt deshalb einen Jahres-Maibaum. Die alten Handwerkersymbole sind längst grenzwertig, sie suggerieren das Unmodische. Heimat ja, aber monetär, sexy und zum Chillen!

Notwendig sind erst zu erfindende Events und Garnierungen, vorstellbar sind ein *Woid-Rock-Festival,* ein mitternächtlicher *Gstanzl-Slam* zur Sonnwendfeier mit Pfingst-Platzerln. Der Maibaum wird wechselweise über das Jahr mit Handys, Walking-Stecken, glitzernden CDs und Adventskränzen behängt und mehrmals wird in den Mai getanzt. Aber die Wolfausläuter und Sternsinger müssen integriert sein, fordert Wander- und Kulturführer Schosl.

Den anspruchsvollsten Vorschlag präsentiert der *s'Ideen-Nesterl e.V.* mit seinem Theaterstück zum Brauch des Maibaumstehlens und -stellens. Aber wie geht das richtig? Gibt es Vorbilder, Drehbücher, soll es öffentlich sein, fotografierbar? Garantiert die Polizei den reibungslosen Ablauf des Stehlens, immerhin geht es mit einem sperrigen Objekt über mehrere Straßen? Hoffentlich können noch rechtzeitig ein Pferdegespann geleast und eine Blaskapelle verpflichtet werden. Aber passt das zum Stehlen? Viele Fragen sind noch zu lösen und die Zeit drängt.

Der Mühlhiaslworkshop

Es muss mein großer Tag werden, motiviert sich Jens-Uwe, dem Mr. John zu dominierend wird. Darum hat er den Mühlhiaslworkshop geplant, die Referenten ausgewählt und einen Tagungsband veranlasst, um das Werk des waldlerischen Philosophen neu zu vermitteln. Jens-Uwe will sich damit Gutes tun und den Pessimismus der waldlerischen Wahrnehmung reduzieren, vor allem die Basisaussage, *dann iss so weit,* optimistisch interpretieren. Die neuere Hiasl-Forschung, insbesondere zu seinen Original-Schriften aus dem Urdorf, verdeutlicht das zwingend und offensichtlich: Mühl entwickelt kritische Szenarien, damit sie nicht eintreten.

Jens-Uwe nennt eines: *Wenn die eisernen Hunde bellen, dann iss so weit.* Nach neuer Erkenntnis begrüßt Mühl die Mobilität durch Autos und Eisenbahnen, sie führt zu Unabhängigkeit, sie öffnet dem Wald die Welt. Mühl vertieft es in der These der *Karren, die ohne Ross und Deichsel fahren.* Im Vorwort des Abschlussberichts würdigt Jens-Uwe diese positive Zukunftsvision und bedauert, dass jeder bisherige Interpret nur die Missverständnisse weitergab. Dieses *dann iss so weit* ist Hoffnung! Auch der Kernsatz, *wenn die Bauern Kuchen essen,* sei trivial eindeutig, sagt Jens-Uwe in das Publikum hinein und bestätigt sich: *Da sind Sie sicher mit mir eins.*

Die Aussagen Mühls über Ökologie und Verschönerung sind ebenso visionär wie bisher unbeachtet. *Wenn de Bauern alle Raine umackern und alle Stauern ausreißn, dann iss so weit,* das ist eine Vorwegnahme der Verschönerungsdiskussion wie: *Wennst hereantahoi vom Donaustrom noch a Kuh findest, dann musst ihr schnell a goldenes Glöckerl anhängen, dann kommen wieder Goldjahre.* Der Workshop deutet es als Aufforderung, selbst das Unbedeutendste zu vergolden, Idyllen zu kreieren. Deutlicher wird Mühl bei der Maxime, dass *Wald und Berg die besten Meister sind, Baum und Frucht, Wasser, Sonn und die Tier sagen so viel, aber es hört keiner. Der Wald wird verheert und verzehrt vo seine eignen Herrn. Und wenn s Lebn aus an Kastl kimmt und wenn da Arwa zwoa Ohrwaschl hod, wenn da Spielhahn bloß mea üwa da Haustür schnalzt, wenn alles voll Straßn is, wenn de Schädel eisern werden, dann iss do, de neie Zeit. Dann steigt da Fuhrmo von der Kutschn, haut mit da Girt auf n Boden, dreimal, und sagt: Do, do is amol da Boirisch Woid gstandn.* Dem, referiert Jens-Uwe, sei nichts hinzuzufügen.

Jens-Uwe verteilt den Tagungsband an die Medienvertreter und verdeutlicht, dass sich damit Matthias Mühl neben Adalbert Stifter als erster Identitäts-Manager outet. Der Stolz ist ihm anzusehen, sich als verlängerter Arm des Mühlhial zu fühlen, als Kulturvollstrecker des Vergoldens. Seine Erfolgspraktiken: Der Ramsch-Laden nennt sich künftig s'Mode-Eckerl, die Parkplätze s'Grüngürterl und das Einkaufscenter s'Tante-Emma-Ladl. Selbstverständlich dürfen wir Glas aus Fernost kaufen, aber gelegentlich sollten wir schon noch vom mundgeblasenen und handgearbeiteten Bayerwaldglas schwärmen. Beifall. Jetzt verstehen es viele erst.

Tatsächlich empfiehlt Mühl das Hinzuziehen von Consultern mit seiner These, *dass es erst so weit is, wenn viele Schwarzjankerln kommen und Zukunft flüstern.* Für Jens-Uwe ist das trivial eindeutig, motivierend listet er Beispiele auf:

Wenn der Mensch den Wald nit mehr brauchen und putzen wird wie seine Stub und wenns Heisa baun, ganze Reihen, und wenn s gar nimma außa meng, dann is de Zeit do. Wenn sich die Bauersleut gwanden wie die Städtischen und die Städtischen wie die Narren, wenn ma Sommer und Winter nit mehr auseinander kennt, wenn die blauen Hausdächer kommen und die roten Schuhe, wenn silberne Vögel den Himmel aufschlitzen, dann iss so weit. Geld wird gemacht, so viel, dass gleich lauter Papierflankerln sein. Aber dann kommt das große Bankabräumen. Wieder Beifall, nur ein Journalist aus Hamburg fragt: *Um was geht es eigentlich bei diesem Müll?*

Biozentrische Komponente

Die Qualitätsoffensive schreitet immer weiter fort, selbst die Leserbriefe sind wohlwollend. Das motiviert das nächste Premium-Projekt Waldweg mit Urwald-Eckerl und alten Gewohnheitstierrassen, und schon nominiert der Bürgermeister die bewährte Machergruppe. Sie ist diesmal zusätzlich mit dem örtlichen Naturschützer besetzt, ohne Stimmrecht, aber er begrüßt die Win-win-win-Situation. Sein Job wird die Bereitstellung der Verbots- und Erklärtafeln. Weitere Beisitzer sind der ehemalige Museumsleiter für das Historische, der Schosl für das Traditionelle, der Center-Architekt für das Bauliche.

Mr. John verweist auf die Bedeutung des Meetings für den Naturtourismus und entkorkt einen Filzstift. Das Konzept ist ein (K)Urwald-Trail, der die Lücke zwischen dem Kircherl, dem immer noch verschlampten Pfarrgarten und der Alten Mitte schließt. Natur wird marktfähig und fusioniert Urwald und Urwaldler perfekt, das zeichnet der Filzstift auf.

Wollt ihr auch was sagen? Der Naturschützer fasst sich kurz, *dass neben dem maßstäblichen Anthropozentrismus wenigstens marginal eine biozentrische Komponente berücksichtigt werden möge.* Mr. John warnt sofort vor Gängelung und Aussperrung. Natur sei für den Menschen da und nicht umgekehrt, das Fingerspitzengefühl, das Augenmaß und besonders der gesunde Menschenverstand müssten weiterhin die Planungen dominieren: *Wie fangen wir an?*

Mit einer allen bekannten Art und ohne Risiko, mit einem Gehege mit Steckenpferden oder einem Rudel Glücksschweinen, oder, spekuliert Jens-Uwe, *vielleicht mit Kühen mit umgehängten Glöckerln, das Goldene-Kalb-Gehege, das wär schon wieder einmalig und bedeutungsvoll im Sinne unseres Mühlhiasl.* Der Gedanke gefällt Mr. John, es würde der Corporate-Vorgabe entsprechen. Wie Gewohnheitstiere aus dem Literaturmilieu, auf die mehr zu achten sei. Also Zeitungsenten und der sehr seltene Bücherwurm. *Und ein Papiertiger,* da lachen alle, *oder ein Reißwolf, zu missverständlich, oder ein Geldhahn?!* Alle schmunzeln. *No,* entscheidet Mr. John, *too expensive, aber ein Gaudiwurm passt, den lieben alle, vielleicht Sündenböcke, Angsthasen oder Sparschweine, aber es soll nicht zu kritisch werden,* die Besucher wollen schmunzelnd sich selbst finden. Das könnten Gehege für Naschkatzen mit Muskelkatern harmonisch ergänzen.

Und der Hirsch, trägt Prospektor Lui begeistert vor, der Platzhirsch, der König des Waldes, der muss her! Ein Gehege neben dem Königlich-Bayerischen-Biergarten und mit über die Lautsprecher eingespieltem brunftigen Gesang. Und im Kircherl-Shop gibts Hirschsalami und Geweihlampenschirm und im Waldeslust Junghirschbraten. Vormittags streicheln, abends essen, alle lachen herzlich.

Dann kommt das Erahnte, das Übliche. Der Schosl: *Ich schlag ein regionales Viecherl vor, den Gewissenswurm.* Massives Gelächter, Schosl mutiert zum Muggsmeiserl.

Maibaum zwei

Das trachtlerische Outfit, die Brotzeit- und Kunsthandwerkerstandln, die umlagerten Musikanten, das dauergestreichelte Pferdegespann, die sich rüstenden Wolfausläuter und sich einsingenden Sternsinger deuten auf ein weiteres Highlight des immerwährenden Brauchtumsjahres hin. Die Mini-Maibäumchen in den Schaufenstern konkretisieren es, es ist Maibaum-Time. Aber wo ist das Original des Objekts der Unterhaltung? Drama:

Er ist unauffindbar, da Baam is weg, gstohln hamsn!
Wer tut sowas?
Die Urwaldler?
Dann gibts hoid koan.
Oder erst in zwoa Wochn.
Wo is da Heimat-Suchhund?

Die typische Reaktion: Weitermachen, keine Blamage der Zuständigen, keine Leere bei den Zuschauern. Unverzüglich rast der Bauhof-Unimog los und holt eine weißblaue Fahnenstange aus dem Bierzelt-Depot. Und während die Blasmusik dschindert, stemmen drei Bauhofarbeiter in roter Schutzkleidung die Stange zügig in die Halterung und richten sie auf. Einige Besucher unterbrechen das Shoppen und applaudieren, der Bürgermeister begrüßt und zapft an und die als Urwaldler kostümierten Basis-Waldler vom *s'Ideen-Nesterl e.V.* spielen die Performance vom *Maibaum stehlen und stellen* und tanzen dann in den Mai.

Begeistert und sehr erleichtert applaudiert der Kulturer Jens-Uwe, denn niemand bedauert den Verlust der so kurz vorher als echt definierten Tradition des Baumstehlens, der Eklat bleibt unbemerkt, das System Hinterbayern funktioniert! Die Erinnerung, das Wohlfühlgefühl, die Zusatzaufführung, alles ist top. Künftig werden vertrachtelte Bauhofmitarbeiter Vier-Jahreszeiten-Stangerln aufstellen und schon wieder ist ein neues Event kreiert. Aufsehenerregend, kostengünstig, sehr modern wirkend und bereits mit einwöchiger Tradition. *Ächt guad, oda?*

Das motiviert den Prospektor von Brechhäusl zur Verteilung seines ersten Prospekts mit der Headline *Brechhaus – wo die Sonne untergeht.* Fest glaubt er, ihn nach den hinterbayerischen Kriterien gestaltet zu haben, immerhin hat ihn Jens-Uwe lächelnd durchgeblättert. Mr. John hatte keinen Termin frei, aber die Distribution am Maibaum-Festival abgenickt:

Wir werden uns von der Sonne verwöhnen lassen, wenn sie aufgeht, und dann, wenn die Gedanken frei sind, erscheint die Zeit zum Glücklichsein. Und die deftige Brotzeit, mmh, so ein Erlebnis. Es ist alles so friedlich, unser Leben fügt sich in die Landschaft, wir streicheln mal eine Kuh, mal ein Spanferkel. Der Appetit macht bereits Luftsprünge. Das ist Urlaub im Einklang mit der Natur, eine Ehrenloge mit Blick auf den Wald. Tauchen Sie ein in die schlichte Stille des durchdringenden Lichts, erleben Sie die feine Verführung, mal leise, mal temperamentvoll, mal versteckt. Lauschen Sie den Farben von Tannengrün bis Indian Summer, erleben Sie die unschätzbare Leichtigkeit von tausendundeiner Pracht. Weiß und Blau und dazwischen nur Sie.

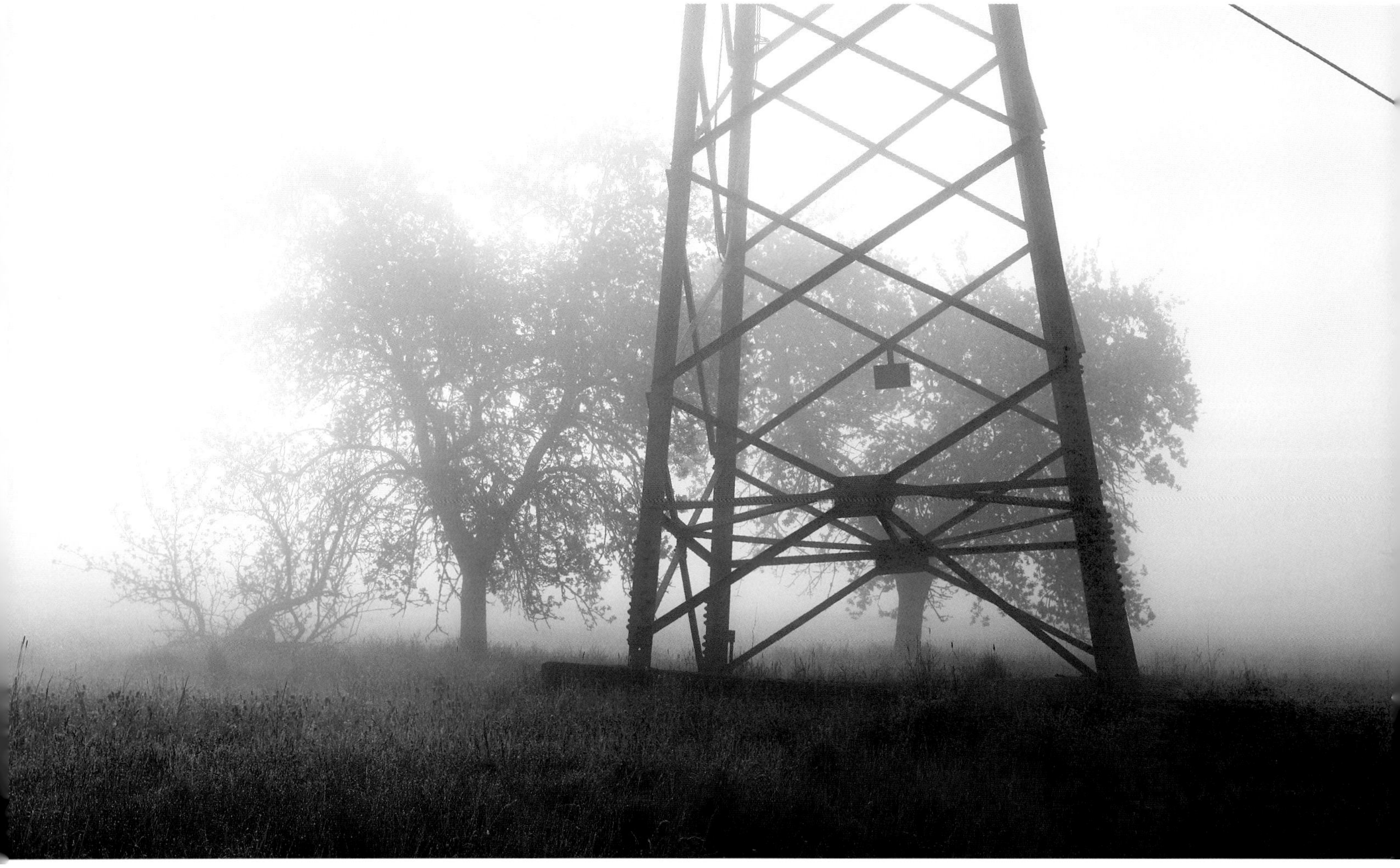

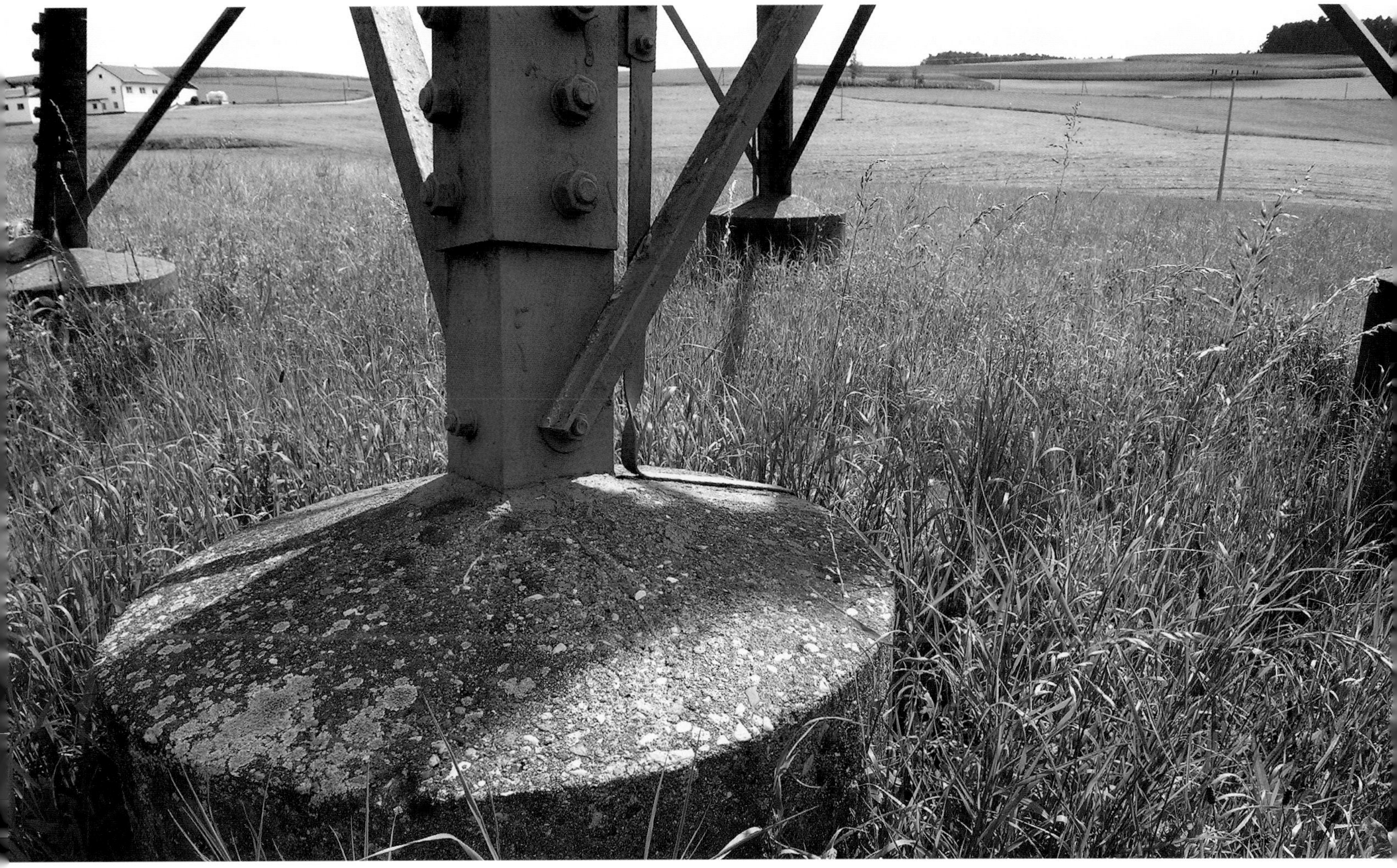

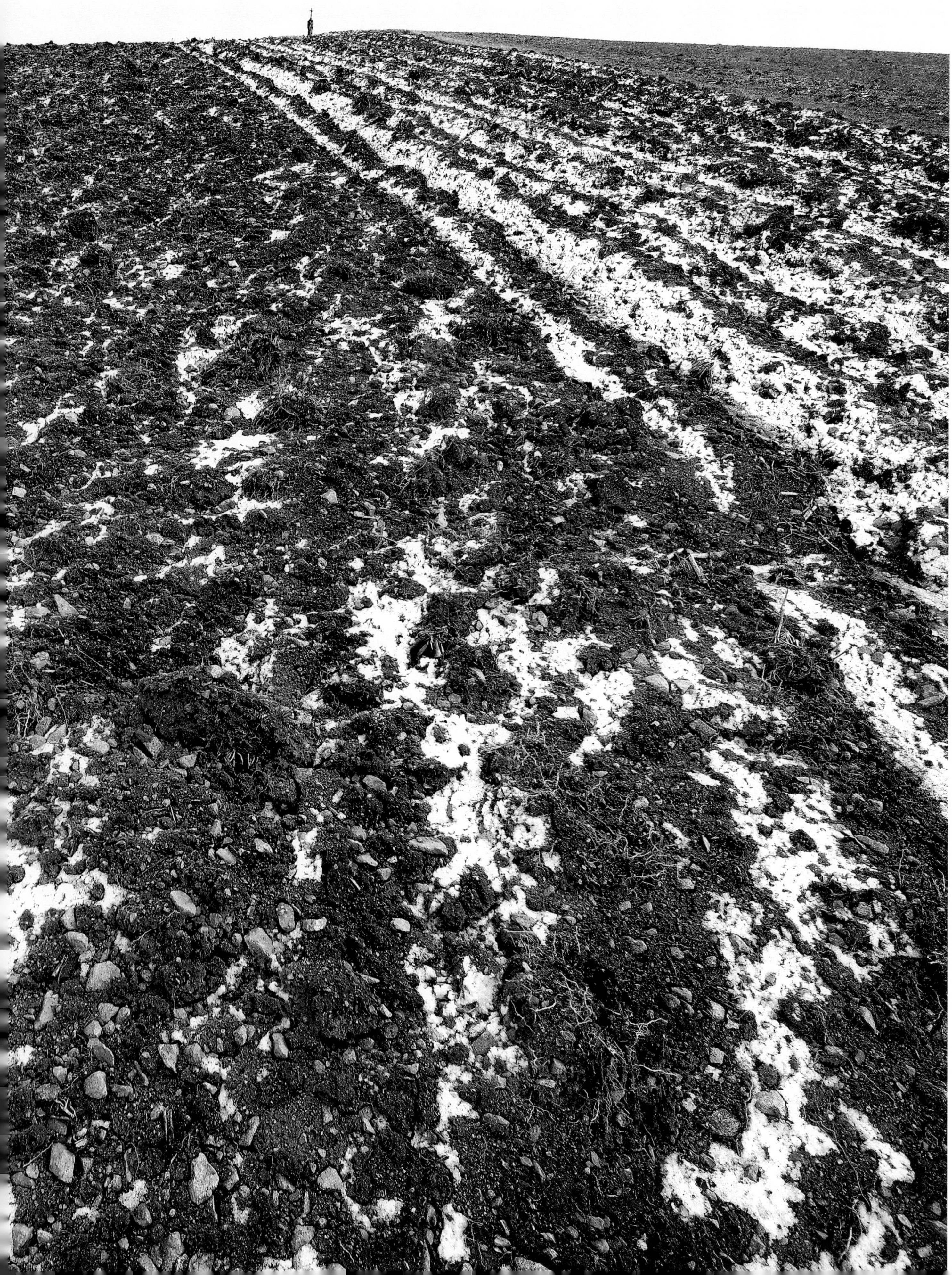

77

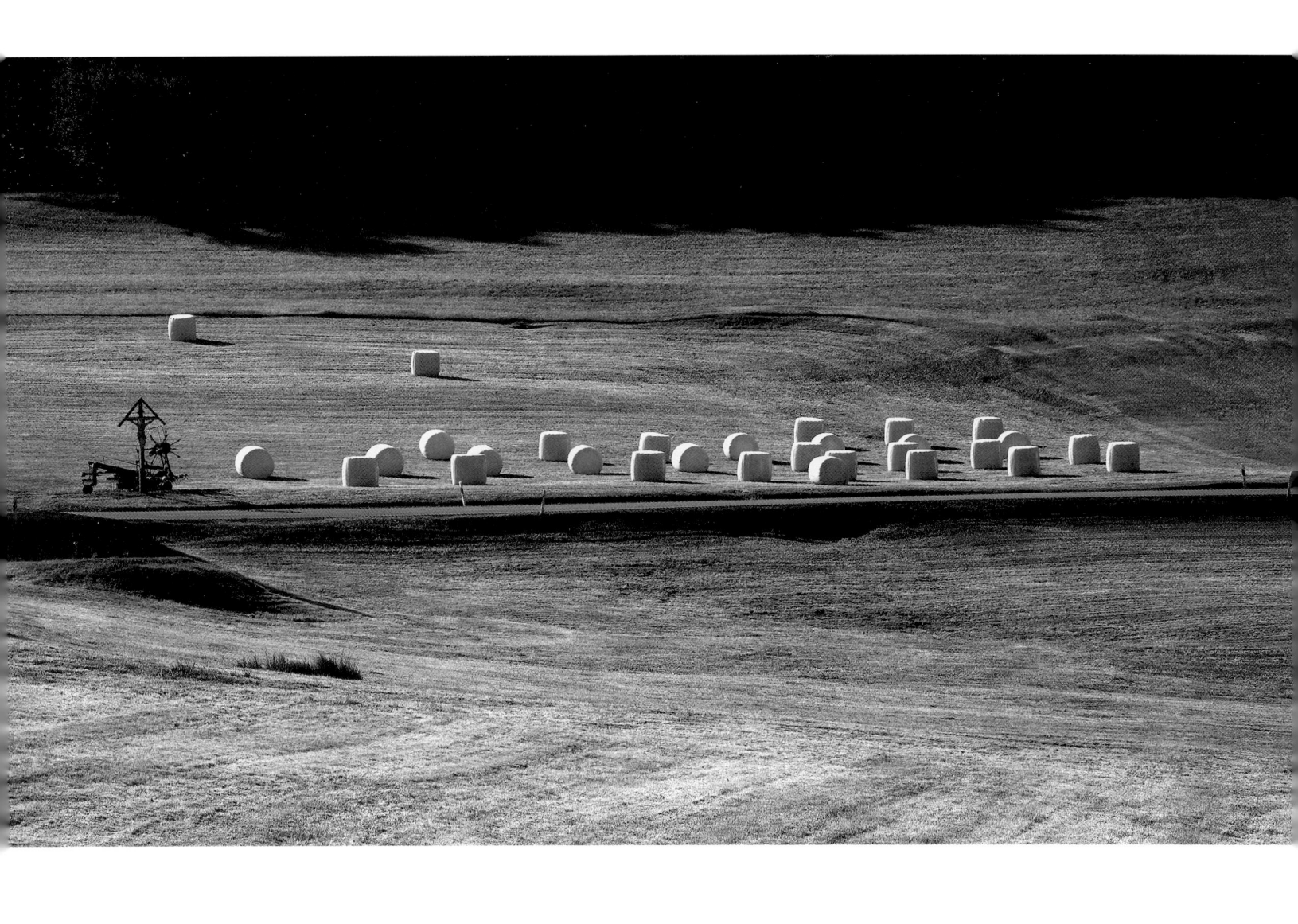

Alles klar

Es musste so kommen, leider, die Unsicherheit der Bürger keimt, falsche Gedanken brodeln an Wirtshaustischen, Straßenecken und Einkaufsmärkten, immer mehr wird vermutet, bestätigt und wahr, und dann kommen die Leserbriefe. Sie werfen den Kulturmachern Steuergeldverschwendung vor und dass die dörflichen Repräsentanten selbstherrlich vorgehen. Sie würden die Heimat ausverkaufen und die Homogenität der dörflichen Entwicklung vernachlässigen. Der Bürgermeister kontert, eine Woche lang habe ein Zettel am schwarzen Rathausbrett vergeblich auf Einwendung gewartet. So ist die Einstimmigkeit des Gemeinderats pro Zukunft logisch. Die Argumente dokumentiert das Sitzungsprotokoll:

Also, da John dad song, mia miasma noch vorn schaun.
Owa wos des kost? I mecht des gor ned wissn.
Sollma se des wirkle ofanga?
Wenn ma Schulter an Schulter arwadn, wirds a Fortschritt, sogda.
Geh, hear ma denast dodamid auf, wos moands überhaupts?
Dass nix Gscheids ned is.
Geh, wosd du ned sogst.
I sog liaba gar nix und des kann a jeder hearn.
Warum sogst nix?
Weils nix bringt, des sogt a jeder.
Genau! I lass mia vo koan wos song.
Und no wos? Do loch i scheed mehr.
Wia soll des weida geh, wenns steed, wer arwad, wer zold?
Zerst bauma, dann schauma.
Genau!
So gengand de Gang. I sog a: nix song, wartma hold.
Genau a so iss! Rückschritt is Stillstand, sogda, oda umkehrt?
Wenn nix geht ... zusperrn kenma allweil.

Der Bürgermeister bedankt sich für die Zustimmung und Bereitschaft, Hinterbayern aktiv nach vorn zu bringen: *Guad, dann machma uns koane Gedankn ned mehr.*

Das Märchendorf

Das Dorf oben im Hochwald ist längst leer, ohne Zukunft. Xav musste seinerzeit Wachstum, Wohlstand und Wiederwahl berücksichtigen und sah die Öffnung als einzige Lösung für den Fortschritt. Dieser bricht als Dorfentleerung herein, selbst Demoskopen, die Jahrzehnte voraus prognostizieren, sind überrascht. Die oft zitierte Heimatbindung ist nicht belastbar, die Waldlerhütten des Urdorfes verfallen, viele Erlebnisse rücken als Erinnerungen in eine geschönte Historie, die als Erinnerungskultur viele Neugierige ein sonntägliches Urheimat-Feeling finden lässt. Zaghaft belebt sich so das alte Dorf und lässt Gedanken blühen. Einen haben Xav und Michl an eine Stadelwand gesprayt: *Wir bieten nichts!*

Natürlich macht es Mr. John, den Consulter und Zukunftsgestalter, nachdenklich, dass Gäste so interessiert in das Urdorf wandern, auch Einheimische, von denen er mehr Solidarität erwartet hat. Was tun, eine Alternativ-Destination andenken? Etwa ein betreutes Aussteigen mit Schmankerl-Catering ohne Essensliste, mit Putz- und Fahrdiensten, mit Lagerfeuer- und Geschichten-Erzähl-Programm, eine Abenteuerwelt ohne Dreck und Risiko, das wäre schnell entwickelt. Keinesfalls darf das wegen Perspektivlosigkeit aufgegebene Dorf zum Wallfahrtsort für positive Gefühle werden. Doch Alternatives zur Alten Mitte zu entwickeln ließe sich als Schwächezeichen seines Konzepts interpretieren. So formuliert der Gemeinderat Auflagen gegen die Wiederbelebung: kein Straßenbau, kein Stromanschluss, keine Werbung. Die Alten ficht das nicht an, sie sprühen weiter, etwa *Hier beginnt die Rasenmäher-freie-Zone.*

Die Besucher nähern sich neugierig und Erholung suchend ihrer Kindheitssentimentalität, sie bemerken die Würde alter Bäume und sterbender Häuser und die Vielfalt und Vitalität der wilden Vegetation. Unerklärbar tränennah wird es, wenn der Hawaii-Sepp mit seiner Ziach den *Oichl-Owa-Zwiefachn* spielt, dann beginnt rundherum das *Es-war-einmal.* Schosl fragt sich, warum erst jetzt das Schöne des Urdorfes geachtet wird, warum jetzt Fotografen hier ihre Bilderbücher füllen. Sie entdecken Diamanten, die der Tau gehängt hat, täglich Hunderte von tollen Sonnenuntergängen mit Gegenlicht-Gipfelkreuzen, letzte Schmetterlinge auf allerletzten Waldorchideen, den Löwenzahn, wie er sich so toll durch die Spalten alter Gred-Platten zwängt, Brennnesseln, die einen Holzzaun überwuchern, herrlich, und sie finden ein Waldvogerlnest, das sie stundenlang mit schweren Teleobjektiven belagern. Hiasl schüttelt schon wieder die Spraydose: *Vorsicht Gedanken.*

Aussteigen schwer gemacht

Bald wollen Besucher sogar richtig nächtigen, an einem Feuer sitzen, einfach nur still sein, Quellwasser genießen, den Heimat-Suchhund streicheln, den Kindern alte floristische Namen wie *Schmirka, Nagerln* oder *Krowentbierl* vorsagen und ihnen das Hantieren mit Zündhölzern zeigen, wenn sie im Wald überleben müssen. Allerdings schrumpft der Wunsch, länger in den Dorfhäusern zu campieren, wenn bei so genanntem schlechten Wetter die Wassertröpfchen alles durchnässen, die herumkriechenden Viecherln beängstigen und die Unbequemlichkeit zu Unromantik wird. Aber die Suchenden wollen dem Alltag entkommen, den Horizont erweitern, mal Zeit haben. Der Stress des Holzmachens, des Früchtesammelns, des Kochens, Gärtnerns und des Dachflickens, der Mangel an Dusche, Geräten, Urlaubsanspruch und Krankenkasse wiegt schwer und beeinträchtigt das Gefühl der Selbstbestimmtheit sehr wesentlich. Mr. John lächelt dann siegessicher, aber es wächst sein Interesse an diesem Symptom, an der latenten Nachfrage.

Vielleicht sollte der Bau einer alten Klostermauer begonnen werden, ein bisschen Mittelalterflair und ein Survival-Programm für Alt und Jung in den Prospekt, vielleicht eine Mühlhiaslgrotte, um die Einheimischen abzuholen? Lui soll ein *Event-inclusive-Anti-Event-Paket* vorbereiten oder wenigstens einen Büchertisch für alternatives Leben, der *s'Ideen-Nesterl e.V.* soll die Töpfer-, Meditations- und Malkurse intensivieren. Und Schosl ergänzt seine Wanderungen mit Lagerfeuer-Catering und lässt die Teilnehmer von Bäumen umarmen. Der Aussteiger-Mythos ist effektiver als das Aussteigen. Mr. John hat wieder Recht.

Erinnerungszwang

Im Urdorf verbreitet sich das Gerücht, der Xav werde vom Stifter erzählen und aus dessen Büchern am Ur-Dorfplatz lesen. Schon wird gemailt und reserviert. Vielleicht ist es der Start zu einer Dauereinrichtung. Wenzl soll Parkmöglichkeiten ausweisen, Wastl Eintrittskarten und Pamela Lewakassemmeln vorbereiten, Hiasl als Mühlhiasl verkleidet vom Waldhang zwei-, dreimal Mal etwas Warnendes herunter prophezeien, irgendwas mit Bodenversiegelung und Klimaerwärmung, das wäre cool, Xav muss den Stifter im Dialekt lesen, das ist regional-innovativ. Mit Handwerksvorführungen kombiniert?

Xav spürt eine Verweigerungslust, eine innere Abneigung, sich erneut mit Heimat zu bewaffnen. Soll er mit Uralttexten Sehnsüchte anderer stillen? Wieso soll er in seinem ehemaligen Dorf, dessen Elend und Perspektivlosigkeit er gegen Zukunft eingetauscht hat, eine emotionale Rückkehr beschwören?

Aber die Übernachtungszahlen, wird ihm eingeflüstert, die Romantik der Heimattrümmer, das Echte! Das ist mehr als Unterhaltung, das ist Therapie mit dem Medikament Hoamadl. Alle hätten für Stunden eine sie beruhigende kuschelige Zugehörigkeit. Überleg es dir. Schnell. Es würde echt toll.

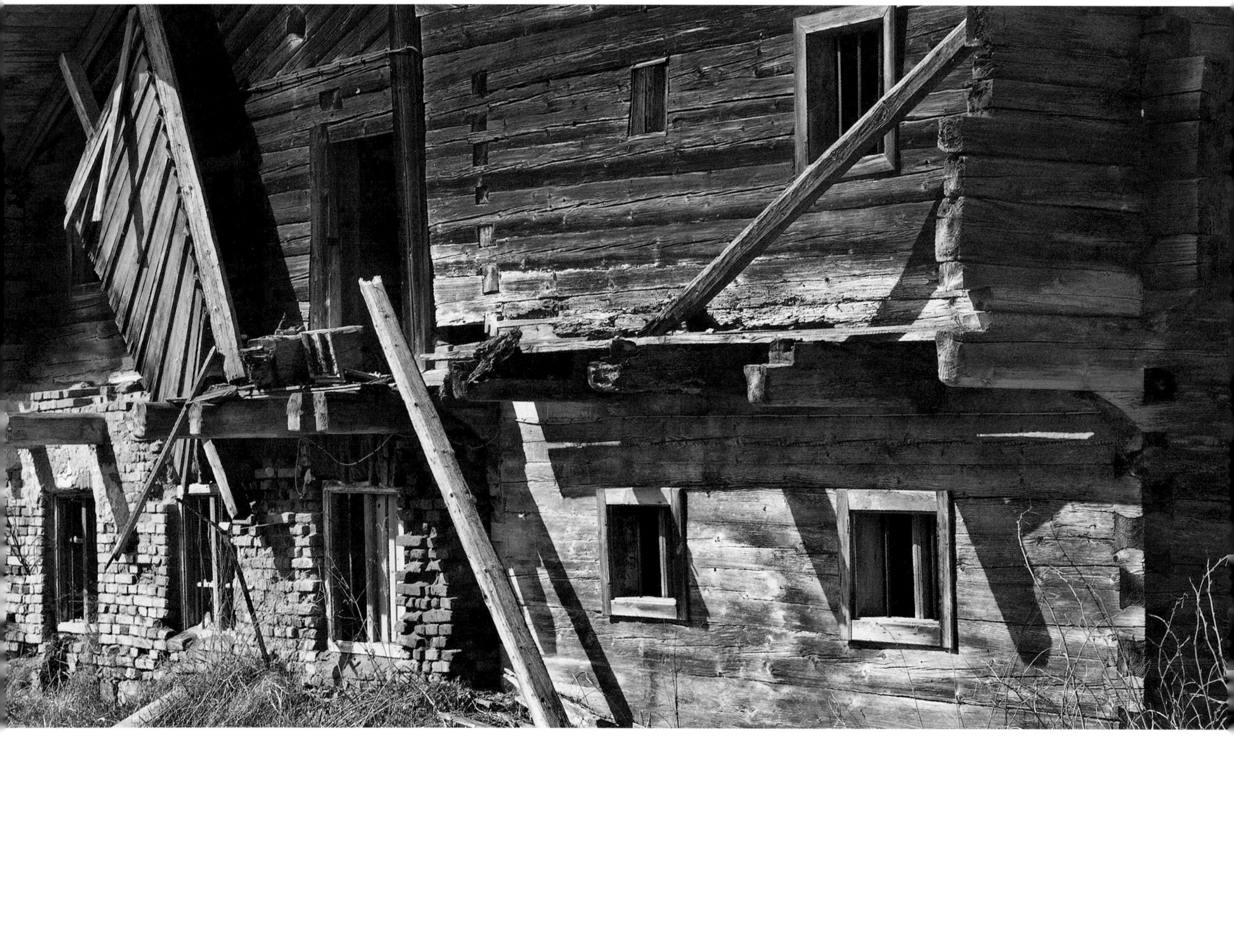

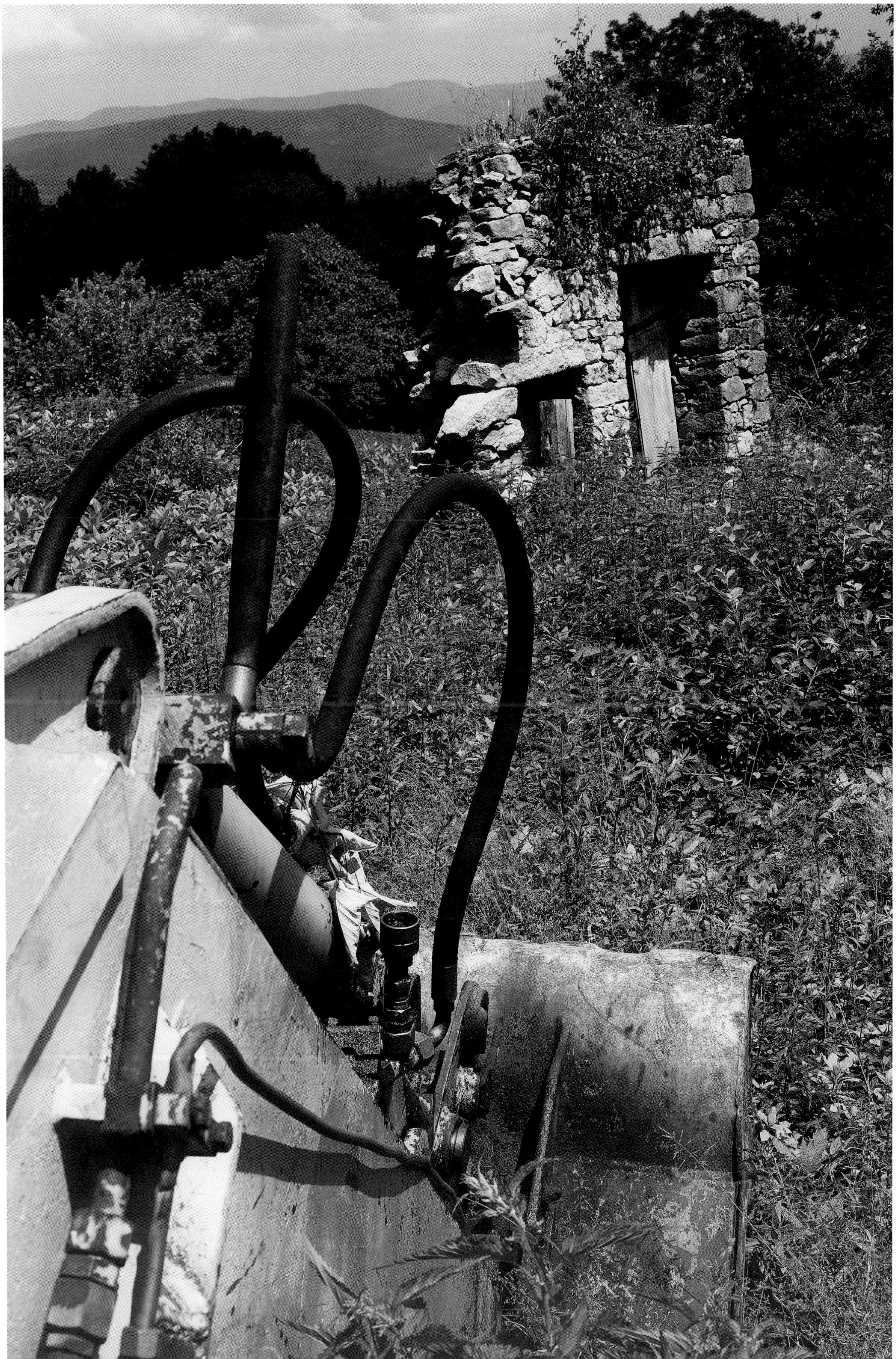

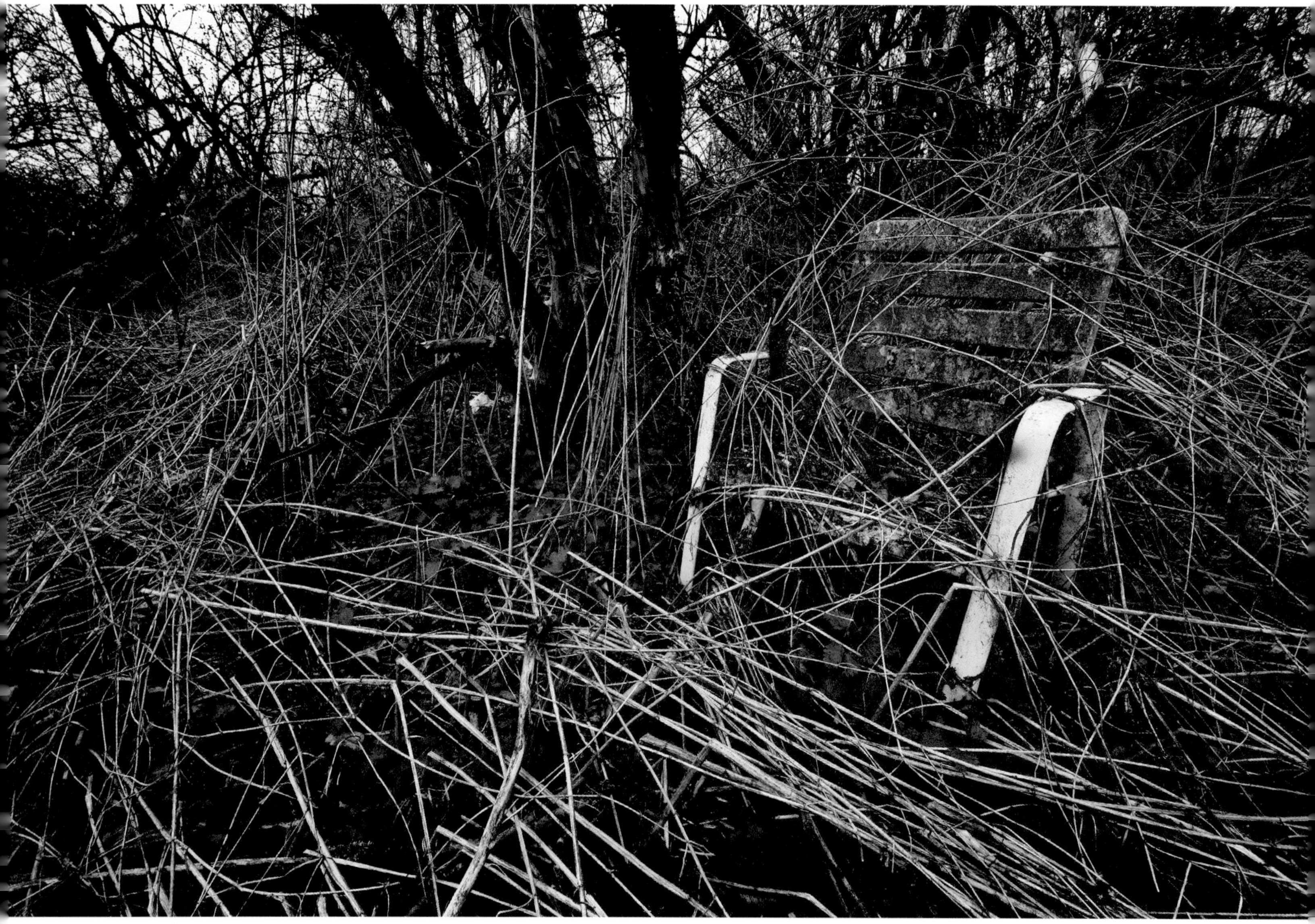

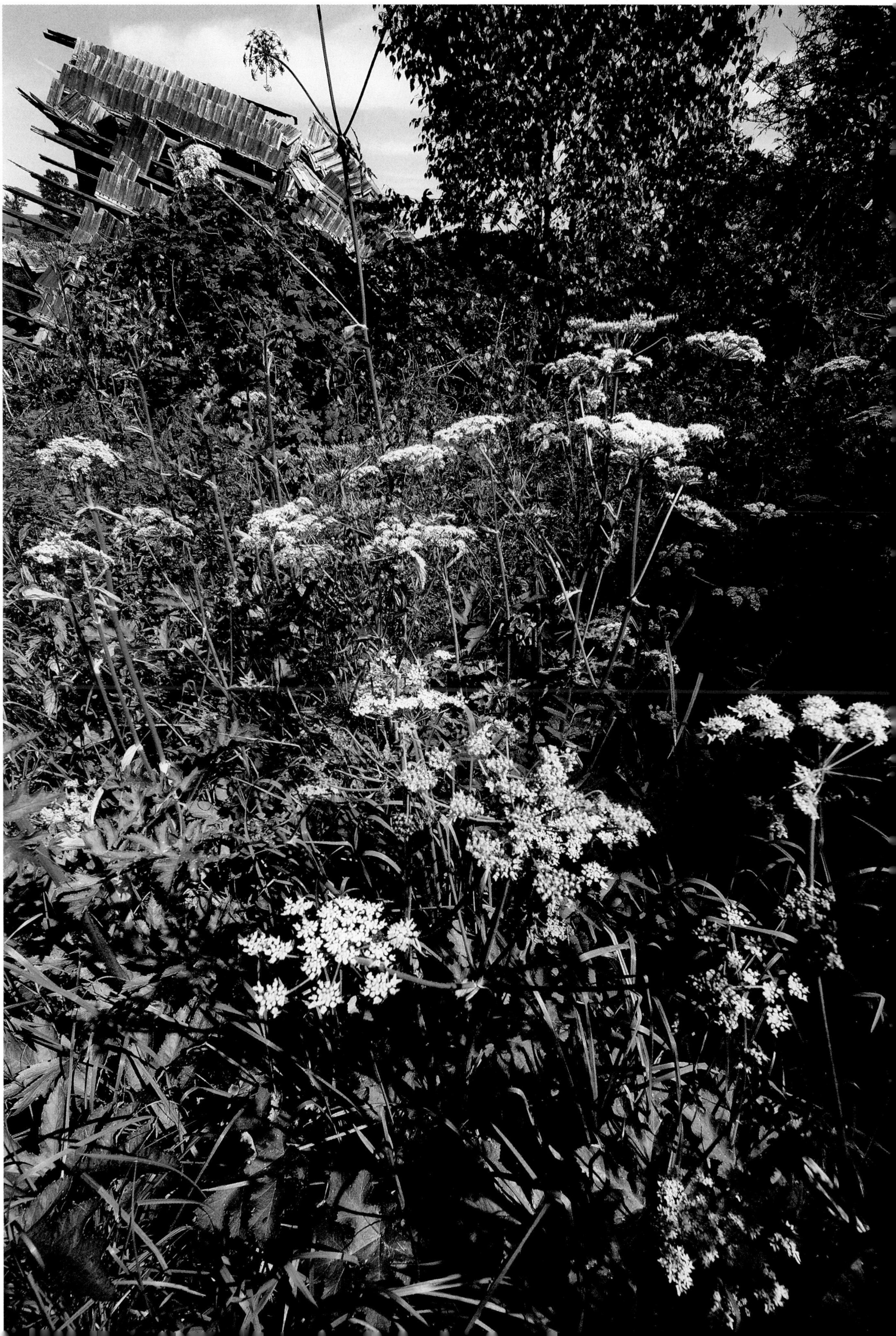

Betreten
der Baustelle
verboten!

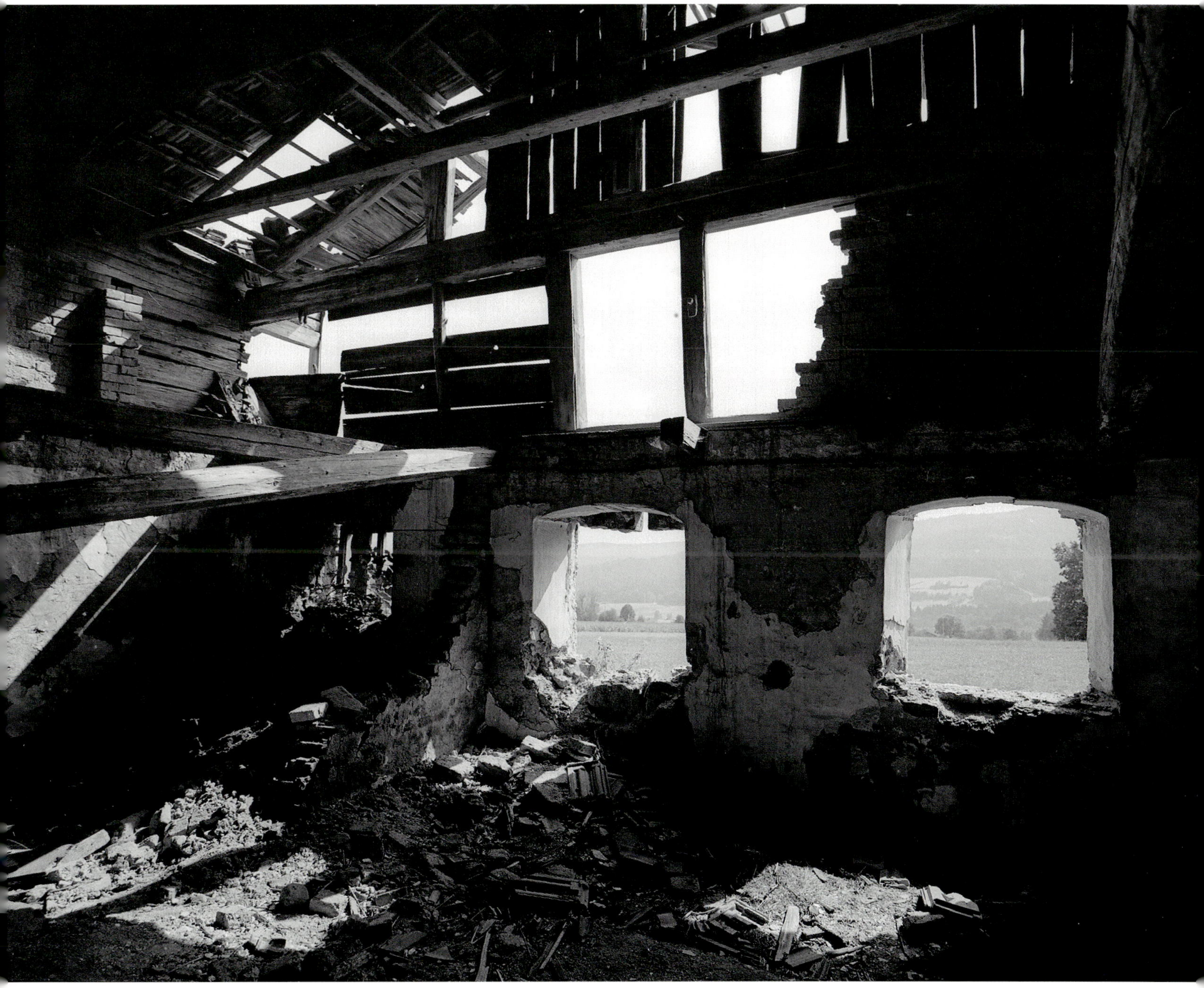

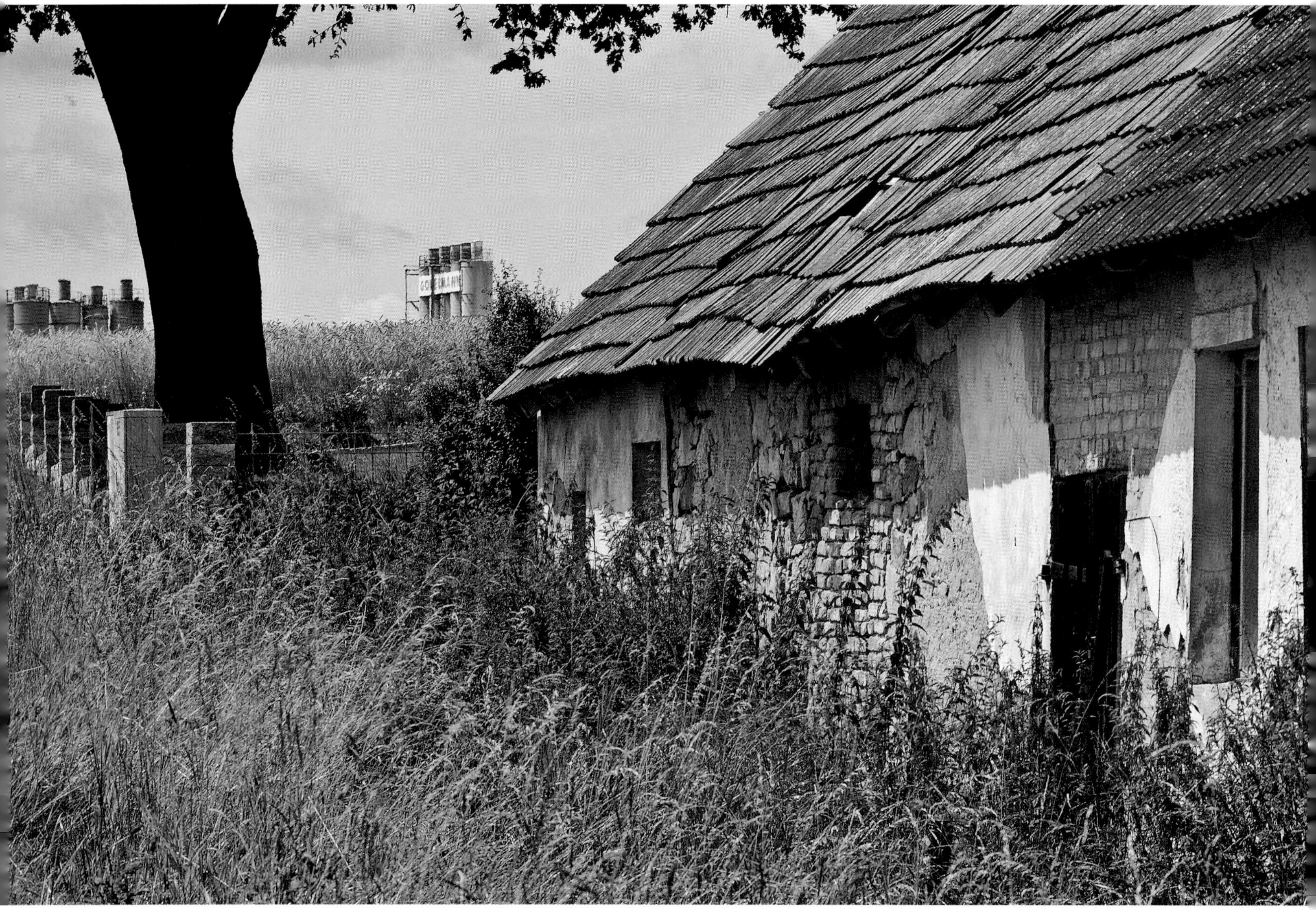

Vorwärts

Schosls Wandergruppe kennt nun Hinterbayern, sie hat die Essensliste abgearbeitet und nimmt Abschied vom gutbürgerlichen Fünf-Sterne-Öko-Hotel Haus Waldeslust mit internationaler Küche und denkmalgeschütztem Waschbetonpflaster, um hinabzuwandern zur Alten Mitte nach Fun-City Bad Kirchreuth.

Dort steht auf sehr hohem Sockel Adalbert Stifter und starrt versteinert in Richtung Fata-Morgana-Therme und Golfodrom und zur dicht daneben liegenden Western-Stadt Django-City und zum s'Gewerbegebieterl. Über den Autobahnzubringer Hinterbayern-Zentrum kann er die Trinkwasserfabrik erkennen, die gerade erweitert wird. Sein Blick umfasst auch das Zentrum Reuths mit Anger und der neuen Altstadt mit Flair einschließlich der Beschneiungs-Anlage. Sie verwandelt die City von Allerheiligen bis Ostern in ein weißes Wintermärchen. *Gefällt mir,* sagen alle.

Die Gruppe steigt über den (K)Urwald-Trail ab. Einige Tafeln rekonstruieren die vor Kurzem hier vorgekommenen Pilze, Käfer und Blumen. Doch noch größere Begeisterung als der halbechte Wald löst der imaginäre aus, der auf vielen Monitoren und Installationen kurz vor dem Kircherl volldigitalisiert angeboten wird. Das meiste Gedränge ist an der Download-Station der diversen Clips zu Mühlhiasl, Sonnenaufgang und Luchs, aber der Megahit ist das altehrwürdige Uralt-Volkslied *Es gibt kein Bier auf Hawaii.* Die Stimmung der Wanderergruppe ist richtig gut, die Mitmacher phonen, futtern und fotografieren und im Urwald bimmelt der Elektrozug, Skater skaten, Biker keuchen, Kinder spielen PengPengPeng, die Abfallkörbe quellen über, die Urwaldpfleger füttern die Gewohnheitstiere, Schosl erzählt von Holzhauern und Triftern, im Adventure-Camp beim Landgasthof Waldeslust wird bei Hirschbrunft-Sound ständig ozapft und gegrillt, Pamelova und Helgerova buttern aus und der Haiwaii-Sepp singt seinen Hit mehrmals live unter der dauerblinkenden Neonschrift: *Dahoam is dahoam.*

Nur im Urwald-Eckerl darf Holz vermodern, dürfen Feuchtstellen nass bleiben, darf das Waldvogerl ungestraft singen und Insekten werden nicht erschlagen. Die Hecken sind ungeschnitten, das Laub kehrt niemand und das Unkraut ist legal. Andere Besucher buchen im s'Internet-Stüberl den neuesten Event, low-costing und megakickgeil: *Die acht Tausender des Bayerwaldes an einem Tag. Mit dem Jeep von Gipfel zu Gipfel. Es erwarten Sie: rustikale Berg-Erlebnisse, echte Einsamkeiten, schöne Aussichten.*

Talking about Hoamadl

Selbstverständlich bringen einige Scheinwerfer, der Mikro-Check, das Schminken und das Sich-ins-rechte-Licht-setzen Mr. John nicht aus der Fassung. Zumal der Moderator betont, nur das Abgestimmte zu fragen. Dann leuchten alle Lämpchen rot und fordern Stille, die Talkshow von *Waldwoge-TV* ist on.

Vom Walde draußen kommen Sie her, Mr. John. Warum engagieren Sie sich in Hinterbayern so?

Es ist mein Arbeitsethos, to be good, und ich bin in diesen Menschenschlag very verliebt, in das Einfache, I love it, diese Eigenheit beflügelt mich kreativ. Das Waldler-Gen ist sehr belastbar.

Heimat als Geschäftsmodell, so Ihr Credo. Können Sie das verdeutlichen, einzelne Komponenten nennen?

Eine Heimatbewirtschaftung verwandelt das Typische mit Hilfe des Marketings in Buchungen, ein Ziel ist ein früher Break-even-point. Der Ausgangspunkt in Hinterbayern ist karg, es sind viele Bausteine zu modellieren, gängige Dialektfetzen, lederne Speisekarten, schöne Dorfplätze, populäre Events. Der Fahrfehler verzeihende Straßenraum gehört vergrößert, die Bedrohung durch Straßenbäume ist ein buchungshemmender Faktor, very sad. Ideal sind die sich selbst spielenden Ureinwohner, das Himmelsgeschenk, der Hammer. Wir können jetzt überall ein paar Jahrhunderte Altehrwürdigkeit hinzuzufügen und mit Stifter intellektualisieren. Gäste bekommen alles, Golfplätze, Beachstrände, Urwälder und Hüpfburgen. Die Gäste sollen sich als Bauern, Glasbläser und Holzhauer fühlen und als Naturschützer, wenn sie Sonnenblumenkerne rumstreuen, und als Künstler, wenn sie Papier bemalen. Echtheit braucht zum Funktionieren künstliche Mittel, damit erfüllen wir den Menschen ihre Sehnsüchte, das schönste Ziel des Guesthuntings.

Planen Sie weitere Investitionen in Hinterkirchreuth?

Zuerst eine angenehme Korrektur: Wir werden Bad Kirchreuth. Die Namensverbesserung ist markentechnisch alternativlos, it's Kuschelheimat. Wir modellieren alles Unscheinbare zur Sensation, Banales zu Besonderem, das ist das Grundprinzip des Marketing. Der Bayerische Wald ist touristisch kleinräumig orientiert, Globales fehlt. Diese Marktlücke füllen wir mit dem modernen Heimatschutzgebiet Hinterbayern.

Wird diese Neuausrichtung weitergeführt, werden Sie die regionale Kultur neu definieren?

Es ist Fakt, Hinterbayern bietet keine Völkerschlacht, keinen Papst-Geburtsort, keine Altstadt mit Schloss, nur ein Kircherl. Selbst Stifter war nie wirklich im Bayerischen Wald, sorry. We create Besonderes erst. Heimat ist Gestaltung und noch moderner ist es, das durch Fremdfirmen tun zu lassen. Wir alle tragen Kleidung aus Fernost, hören Musik aus Amerika, fahren japanische Autos, essen beim Italiener und urlauben in Sri Lanka, wir agieren global, all of us. Heimat ist vor allem eines: Zeitvertreib.

Bevor es zu tiefgründig wird, sollten wir das sehr interessante Gespräch beenden. Wir danken Ihnen sehr und wünschen Ihnen weiterhin wachsende Übernachtungszahlen.

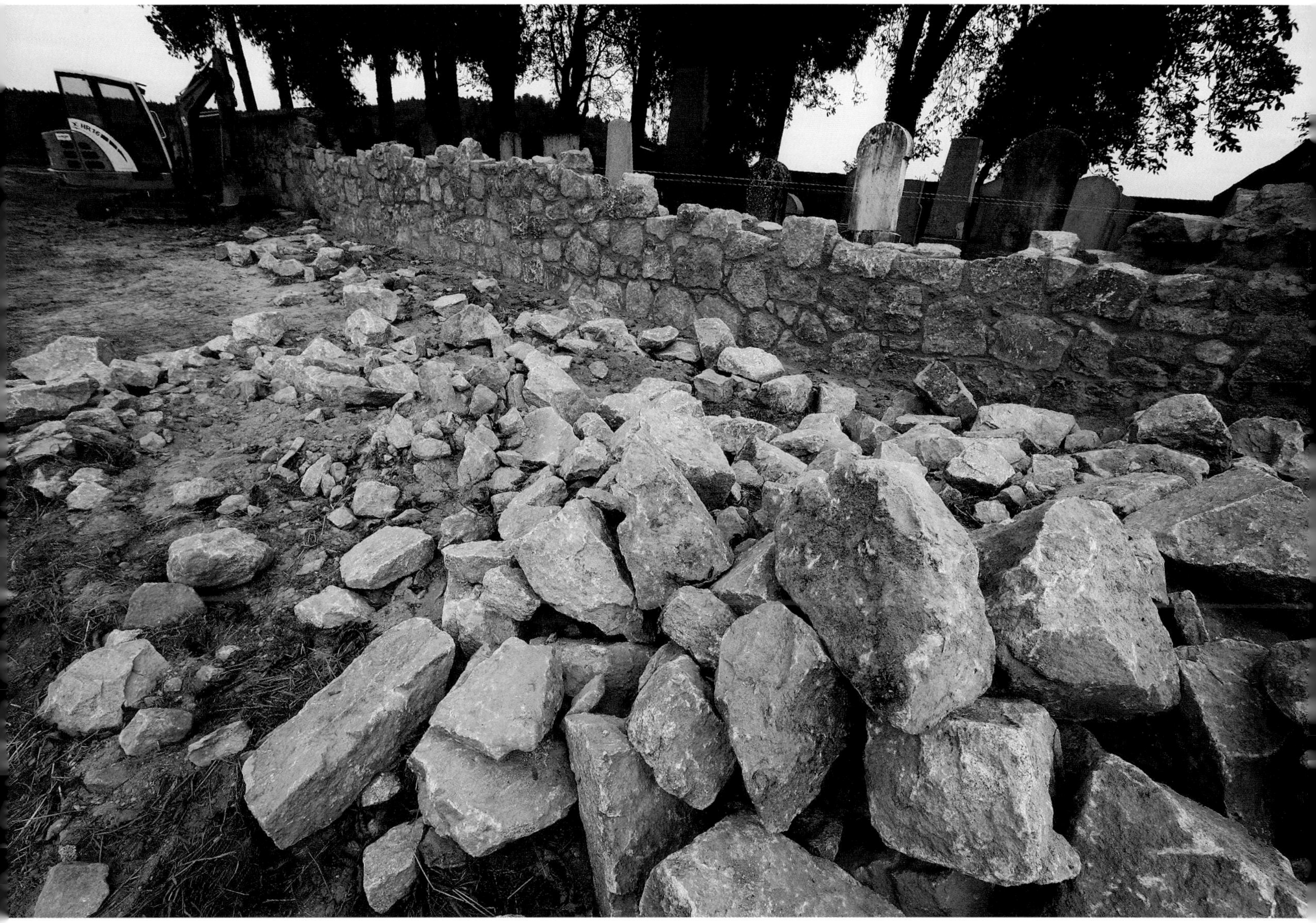

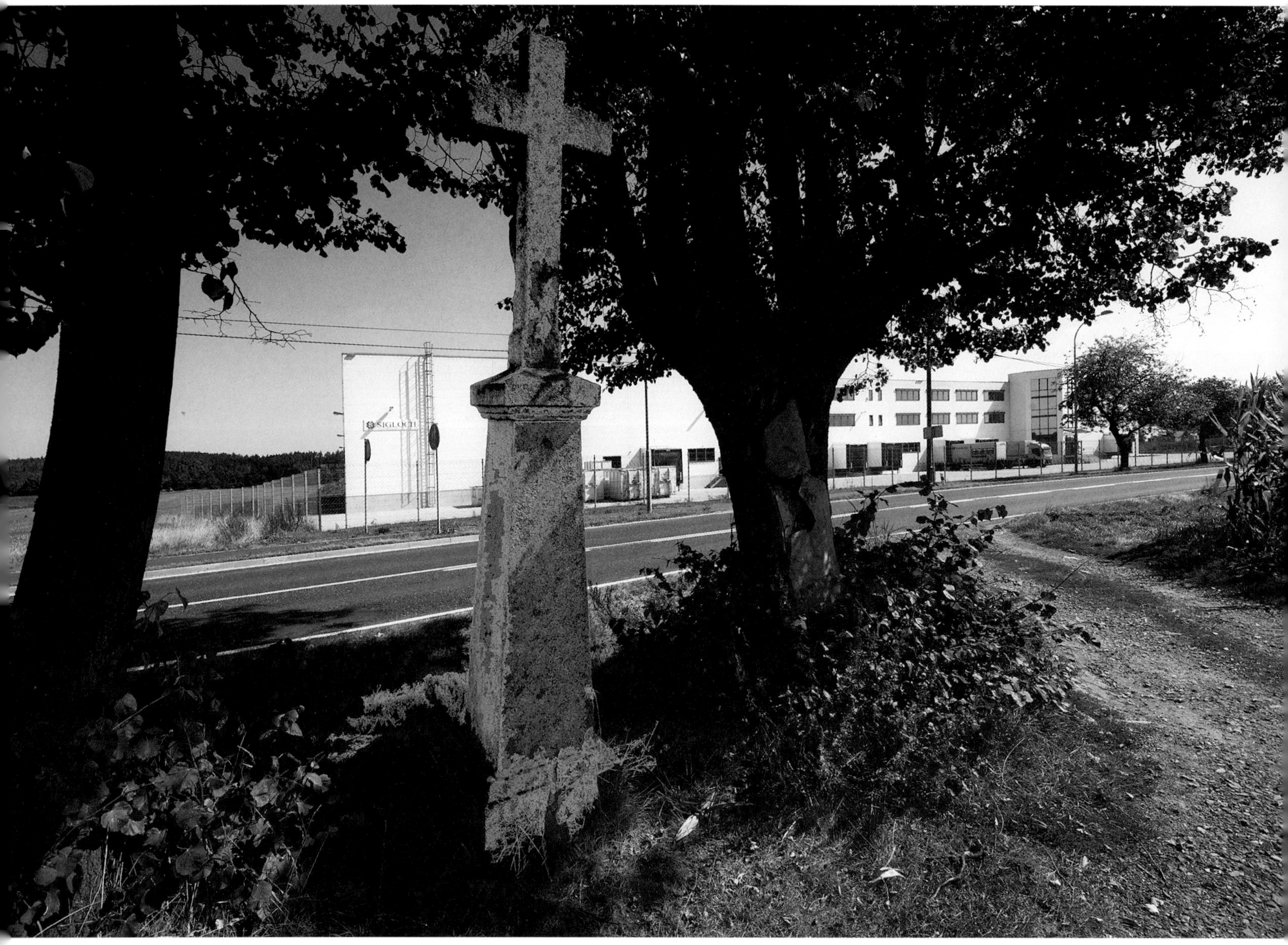

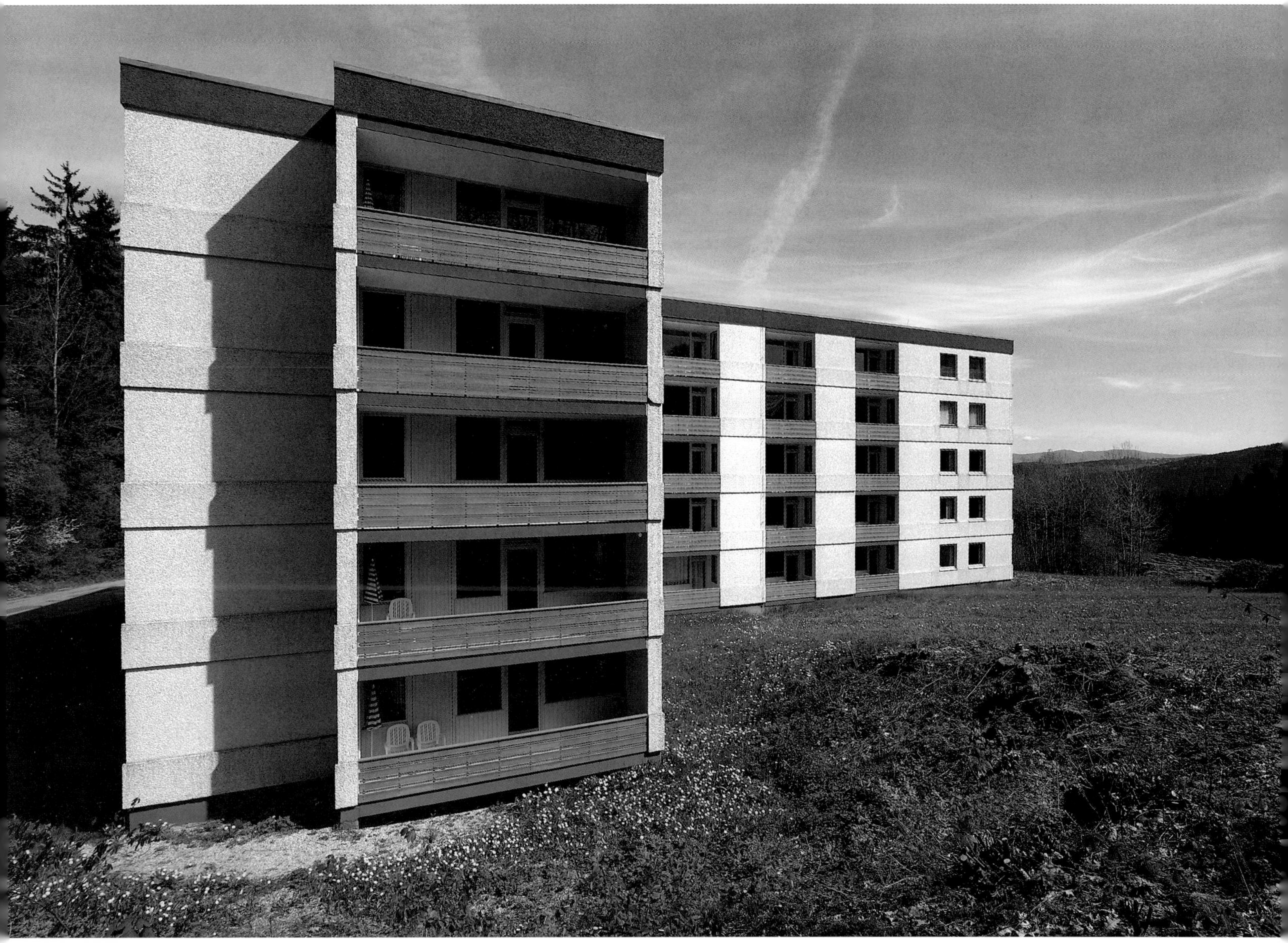

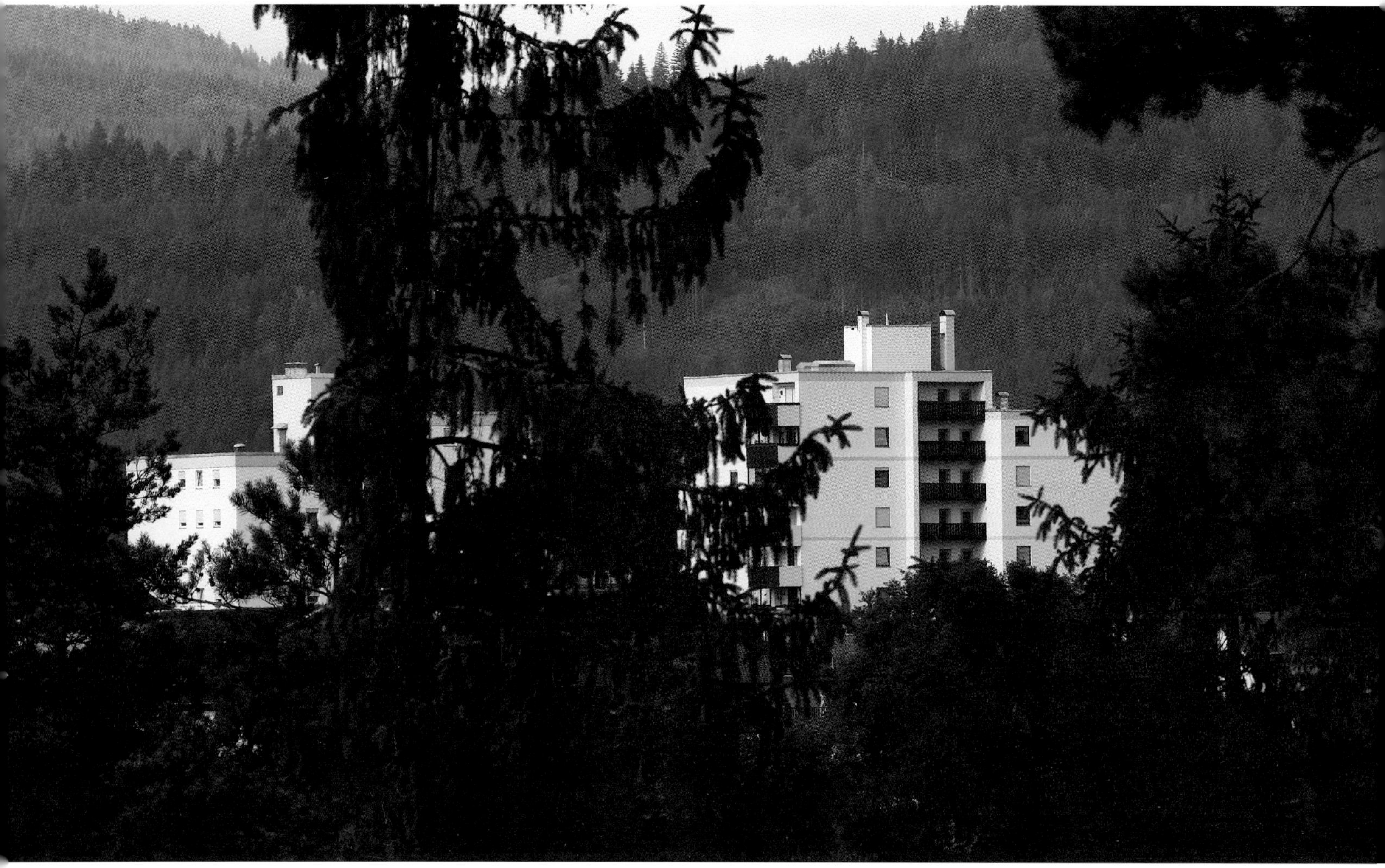

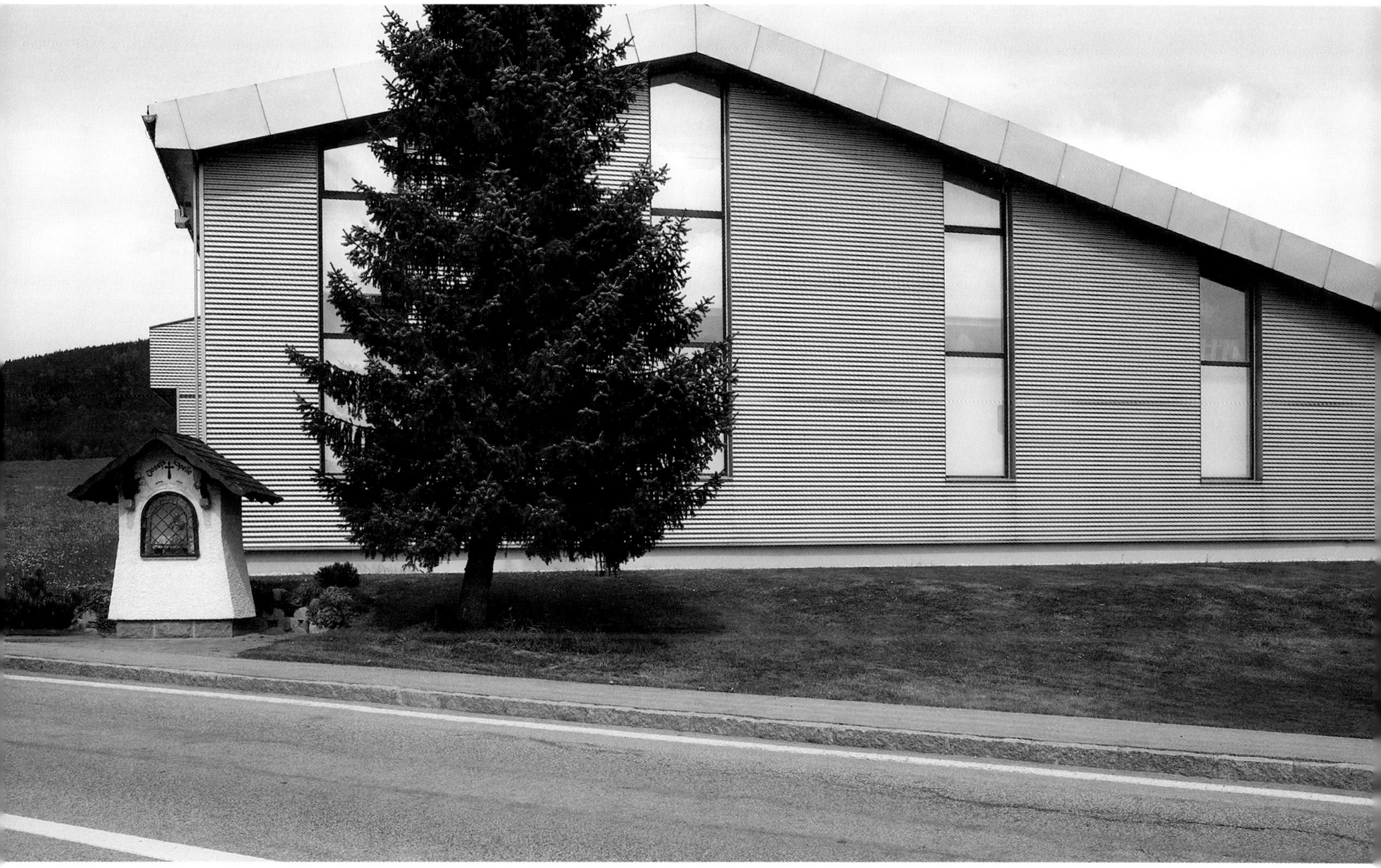

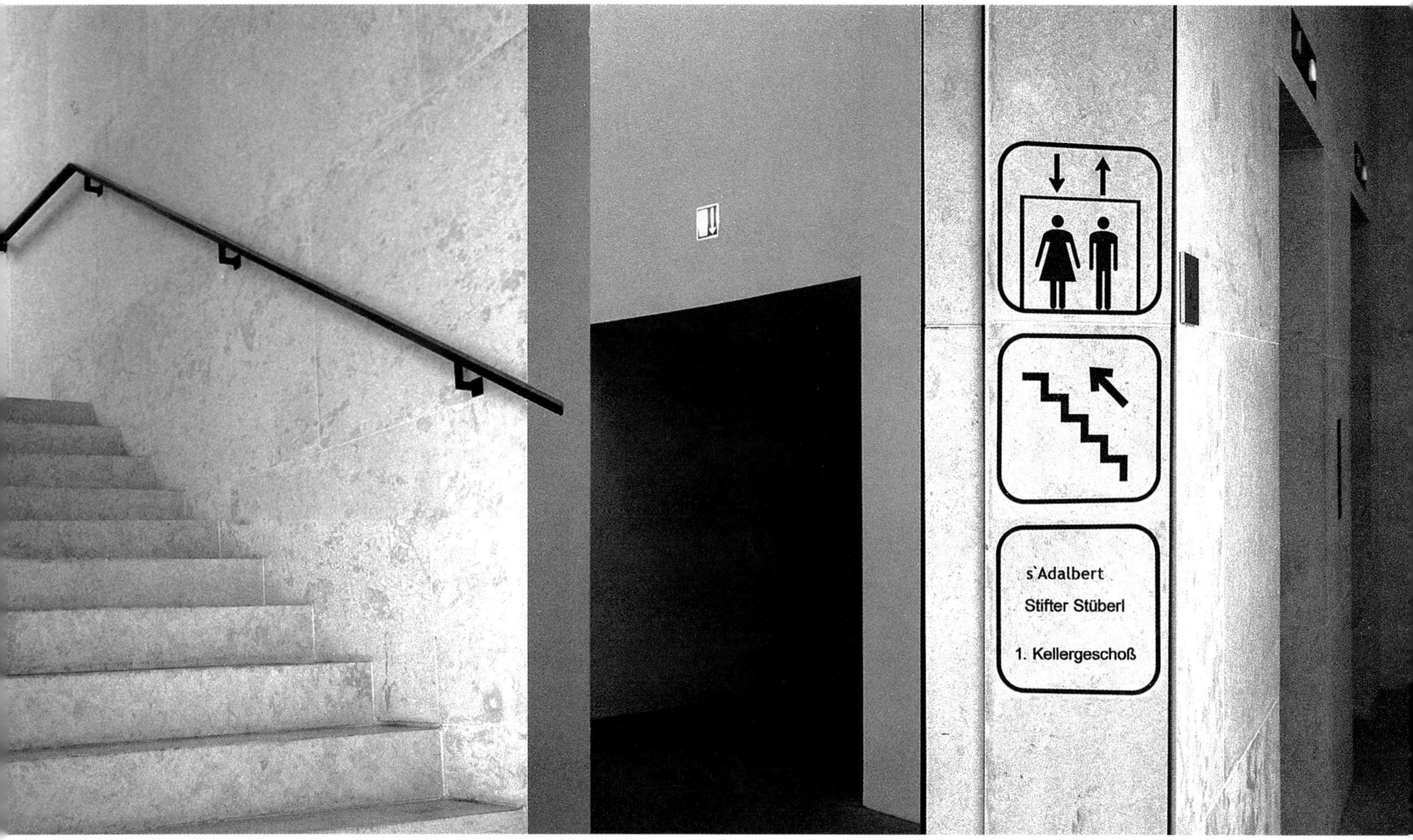
s`Adalbert
Stifter Stüberl
1. Kellergeschoß

… dann riegelts!

Der kleine Festzug mit bunt geschmückten Trachtlerinnen und Trachtlern, singenden Kindergruppen, dröhnender Blaskapelle, winkenden Ehrengästen und den Motivwagen Säumer, Backofen und Kircherl hat das Adalbert-Stifter-Visitor-Center dank der zahlreichen, den Verkehr souverän regelnden Feuerwehrler erreicht. Alle begrüßen und ordnen sich bei prächtigem Sommerwetter vor dem Kulturtempel, dem Adalbert-Stifter-Visitor-Center.

Sie begutachten die verschiedenen Verkaufs- und Info-Stände. Der Erlebnis-Abenteuer-Bauernhof-Bauer verkauft Ur-Marmelade und Ur-Brot, und beim Baumblätterraten gibts Punkte, dem Sieger winkt eine halbe Sau. Ein als Stifter Verkleideter wirbt für den Kircherl-Shop, der *s'Ideen-Nesterl e.V.* verkauft Backofenbausätze und die Schweinsbratenkönigin wirbt für das Waldeslust-Areal. Die *Reuther-Buam* sitzen bei ihren Instrumenten, die meisten Geladenen bei ihren Tischkarten und die Ehrengäste grüßen und lächeln, während sie von Dirndldeandln in die ersten Reihen geleitet werden. Es wird leiser, der Bürgermeister nickt dirigierend in Richtung Bühne.

Dort rumpelt es jetzt archaisch gewaltig, Schreie, Getöse, Stampfen, die Wolfausläuter, gut sechzig, stürmen aus allen Richtungen heran, stellen sich breitbeinig nebeneinander und der Urschrei dröhnt: *Buam, seids gricht? Dann riegelts!* Wieder erschlägt der mächtige Donner aus den metergroßen Glocken brachial alles:

Wum, wum, wum,

das Adalbert-Stifter-Visitor-Center ist seiner ersten Belastungsprobe ausgesetzt.

Wum, wum, wum,

viele Gäste halten sich die Ohren zu, andere riegeln verhalten mit.

Wum, wum, aus!

Here stands the hirt with his girt
Through the year he had much gaude
The time of a half year is recht long
Do had the hiata an Martini ei zong

The hiata treibt sei viech into the woid
He must out, if hot or cold
He goes over distl and dorn
Drum give him now a schlückerl of Korn

Das Publikum johlt, brüllt, klatscht und wird erst wieder aufmerksam, als sich die Sternsinger formieren. Sie singen das *Fein sein beinanda bleibn,* allen gefällt das Stück, das so hoamle macht, echt cool. Dann folgt der Kernsatz:

Ich singe zum Danke und trage den Stern und eile zum Christkind und tu es verehrn.

Der große Beifall verklingt nur langsam, während die Sternsinger den ersten Prospekt von Bad Kirchreuth an alle verteilen. Auch auf den reservierten Stuhl des europäischen Heimatministers legen sie einen. Hinterbayern leuchtet.

Hinterbayern leuchtet

Ein vor Bedeutung strahlender Bürgermeister schreitet zum Rednerpult mit dem Dorfwappen und leitet die Feierlichkeit grußwortlich ein. Wieder listet er lange die Prominenz auf, ganz besonders begrüßt er die Kommunalpolitiker der umliegenden Gemeinden, alle namentlich, ausführlich und vorsichtshalber auch die abwesenden. Er dankt dem Kulturausschuss und dem *s'Ideen-Nesterl e.V.* für deren Innovationen und Arbeitsstunden, den Vertretern der Kirchen, Behörden und Betrieben und den Bürgern Hinterbayerns. Mit Bedauern entschuldigt er den europäischen Heimatminister, dessen Navigator den neuen Namen mit *Error* quittierte.

So startet der Bürgermeister des ehemals verschlafenen Dorfes Hinterkirchreuth die neue Epoche mit stolzer Würdigung der Gründung vor tausend Jahren. Er zitiert die erste urkundliche Erwähnung und das damalige Gebot des heiligen Gunther: *Gehet hintere zum Kircherl und reuthet, also rodet. Dieser heilige Auftrag des Rodens und des Hübschmachens ist seither der rote Faden unserer Lebensweise. Jetzt haben wir Heimat perfektioniert und endlich ganz fest im Griff, beispielgebend für alle umliegenden Landkreise. Lassen Sie uns das Heute genießen und würdigen, aber schauen wir auch nach vorne und ziehen wir weiter an einem Strang.*

Das Dorfoberhaupt geht auf Adalbert Stifter ein, den Patron der regionalen Kultur, der das Schöne und Sanfte so sehr hervorhebt, dass es sich anbietet, in dieser schnelllebigen Zeit daran zu glauben. Jetzt stehen die Musikanten für die staad-lustige Polka auf und setzen die Instrumente an: *Drei vier*, flüstert der Franzl. Und muss abbrechen!

Der Architekt steht am Pult und lobt sein Gebäude, weil es hervorragend das gelungene Außen mit dem ebenso perfekt gestalteten Innen verbindet. Die Verbindung von alter und neuer Architektur, von tradierten und neuzeitlichen Materialien, von Rodungswurzeln und globalem Zeitgeist spiegle sich bereits in der symbiotischen Charakterisierung des Foyers, es hole die Landschaft herein. Das Innere des Centers prägen der Stifter-Festsaal, der Stifter-Seminarraum, das s'Stifter-Stüberl, das Stifter-Hochzeitszimmer und die Galerie mit der Dauerausstellung des Werks Stifters. Das Center ist bestens in den heimatlichen Raum integriert und prägt den Ort wie das Kircherl, der (K)Urwald-Trail und das niegelnagelneue Museumsdorf.

Polka in b flüstert der Ober-Musikant in den Applaus seinen Musikantenkollegen zu, die sofort schwungvoll die Instrumente ansetzen. *Drei, vier … halt!*

Ehrungen

Mr. John steht am Rednerpult, der frenetische Applaus lässt ihn lange warten. *Hello you*, es wird ruhiger, *hello you und ein hörzliches Pfiadi und many thanks*, beginnt er sein Grußwort. *Ladies and Gentlemen, very welcome. Es war eine beautiful Zeit, wir haben die Ärmel gekrempelt und viel erreicht, now, jetzt wird abgerechnet, jetzt können Sie ganz viel ankündigen. Many thanks und ein hörzliches Griasde*. Wieder Klatschen und Bravorufe, als er dem Bürgermeister den in weißblaue Schleifen gehüllten Goldenen Schlüssel des Kultur-Centers überreicht: *Ich übergebe Ihnen den Schlüssel des Kultur-Centers und damit auch die Verantwortung für den Betrieb und für viele Events für die nächste Zeit, good luck*. Das fährt einigen Kulturausschussmitgliedern irgendwie quer durch den Kopf. Wie kann das gemeint sein? Dass sie für Veranstaltungen zu sorgen haben, organisieren müssen? Heute sind alle stolz, die Zukunft beginnt erst morgen.

Jens-Uwe denkt auch an die Gegenwart und raunzt vorwurfsvoll zischend in Richtung Musikanten: *Warum spuidsn nix? Auf gehts, los, ozapft wird glei, es sitzds allweil so umananda.*

Wieder setzen die Musikanten an und Jens-Uwe selbst stoppt sie: *Aufhörn! Seidz staad, omeiomei, i bin dran!*

Er lobt das Center, weil es so viel bieten wird, Konzerte, Tagungen, Vorträge, Lesungen, natürlich schöne Kunst, eventuell auch moderne. Das Jahresprogramm werde bald erstellt und sicher gewinne man Sponsoren. Vorerst wird der *s'Ideen-Nesterl e.V.* das Gebäude bewirtschaften und zuerst eine Ausstellung zum Schnee-Heijng rund um den letzten Reuther Zugschlitten im Foyer bieten. Der wird dort dauerpräsentiert und Jens-Uwe dankt gleich besonders den Landfrauen, die den Schlitten mit Schnapserln der Region und altem Kuchlgeschirr präpariert haben. Voller Schreck und siedendheißer Gewissheit erkennt Jens-Uwe das Geschirr seiner Oma.

Nochmal bittet der Bürgermeister um Aufmerksamkeit für die erste Kultur-Ehrung, die Hinterbayerische Kulturnadel in Gold wird an jemanden mit ganz besonderem Engagement und außergewöhnlichen Ideen verliehen: *An unseren Jens-Uwe*. Großer Beifall. *Damit ist das Adalbert-Stifter-Visitor-Center eröffnet, möge es wichtige Impulse setzen.*

Jetzt spuids endlich oa, Leut gengand raus, zischt Jens-Uwe, der goldene Kulturpreisträger, die Musikanten grantig an.

Stopp, wieder ein Musikverhinderungsvorfall. Der Lokalreporter bittet alle Mitgestalter zum Gruppenfoto. *Am besten draußen auf der Marmortreppe, bitte, mit einem Musiker, neben Mr. John, genau, Herr Bürgermeister, bitte!* Der hält den Center-Schlüssel hoch, Jens-Uwe und Lui den Daumen, Mr. John das Tablet, alle lächeln.

Dann endlich das Büfett, es ist im Kurpark beim nierenförmigen Teich mit der Ökoinsel und den die vier Himmelsrichtungen symbolisierenden Maibaustangerln angerichtet und eröffnet: Kircherlhäppchen an Chilischeibchen, Pizza-Plätzchen, Sterzkücherln mit Estragonsauce, Sauerkrautdips, ein Knödelcarpaccio mit Streifen vom Bayerwaldsteinpilz in Kürbiskernöl eingelegt, Erlebnishofkaninchen in mittelscharfer China-Senf-Soße, schottische Bergschaf-Filets, Ananaseis, Wackelpudding, Götterspeise. Dazu das bekannte Gedränge, Smartphonewischen, Adressentausch, Händeschütteln, Terminabsprachen und Gespräche über Bundesliga, Urlaube und Neuwagen, alles wird handyfotografiert und blitzschnell gepostet. Alle Gäste sind im sonnigen Park des Centers verteilt, als die Musikanten im Festsaal endlich ihre staad-lustige Polka in b für die Großbildschirme, die leeren Stühle und den Zugschlitten spielen. In einer halben Stunde werden sie aufhören und die Überbleibsel des Büfetts genießen.

Vernissage

Mit dem Musikstück *Die Moldau* wird die Ausstellung der sinnbildenden Werke Adalbert Stifters in der ihm gewidmeten Galerie, sein Best-of des sanften Gesetzes, sein schönstes Schöngeistiges, eröffnet. Es soll nachhaltig die Prospektoren der Region motivieren, ihnen Mut machen, Poetisches in ihre Marketing-Instrumente zu integrieren. Der Bürgermeister ist überzeugt vom neuen Marketing Stifterscher Dimension. Zumal der selbst sporadisch in Hinterbayern verweilte. Und jetzt bitte ich Sie zum Rundgang durch seine Exponate:

Dann war die alte Ruhe wieder über dem Wald und es spinnt sich ein Jahr um das andere mit geringen Abwechslungen ab. Der Blick wird beschränkt, nur das Nächste dringt in das Auge. Zuweilen, wenn die Wolke einzeln durch die Bläue zieht, so geht unten ein Schatten über den Wald und die Bewohner heißen die geringen Veränderungen große und berechnen an ihnen den Fortschritt.

Mei is des schee. In Sekundenschnelle überblicken die meisten Besucher die Präsentation und kommentieren sie unmittelbar so wie alle, um schon wieder Hände zu schütteln, sich da und dort in ein Gespräch zu drängen, zu winken, small zu talken und sich zu erkundigen. Ob Stifter selbst anwesend ist? War es damals auch schon modern, gegen das Moderne zu schreiben?

Als großer Verehrer von Altertümern, die aus einer längst vorübergegangenen Zeit an die unsere redet, erstreckt sich mein Sehnen aber auch auf ganz unnützes, mittelalterliches Zeugs und auf jeden verschollenen Trödel, dessen Sprache wir gar nicht mehr verstehen, und der sich nur mehr als übrig gebliebener Plunder fortfristet; Ich habe solche Dinge lieb. Die Dichtkunst des Plunders ergreift mich, es liegt wie ein schwermütiges klares Licht der Gegenwart auf allen Dingen, und sie blickten mich an, als hätten sie die Jahre meiner Kindheit vergessen. Die Familie ist es, die unseren Zeiten nottut, sie tut mehr not als Kunst und Wissenschaft, als Verkehr, Handel, Aufschwung, Fortschritt, oder wie alles heißt, was begehrenswert erscheint.

Weitere Prospektoren interessieren sich für ein Image-Relaunch bis hin zur Änderung des Dorfnamens. Wirken Namen wie Lacklfing oder Brechhäusl auf Touristen abschreckend? Stifters Wortgewalt beeindruckt alle und Luis Erfolg mit der Umbenennung zu Bad Kirchreuth motiviert. Attribute wie Schloss oder Sonne oder eben Bad im Dorfnamen oder tolle Headlines entwickeln die erhoffte Zugkraft, das erkennen sie mittlerweile deutlich. Sofort würden sie einen Workshop mit Stifter buchen, sein Wording erlernen wollen, *wann bitte ist der nächste Termin?*

Man kann hier tagelang weilen und sinnen und kein Laut stört die durch das Gemüt sinkenden Gedanken, als etwa der Fall einer Tannenfrucht oder der kurze Schrei des Waldvogels. Oft entstieg mir ein und derselbe Gedanke, wenn ich an diesen Gestaden saß: – als sei es ein unheimlich Naturauge, das mich hier ansehe – tiefschwarz. Und ist das Gefühl zu einfacher Ruhe zurückgekehrt, wird der Verstand erweitert und ein Blick in die Wirklichkeit gegeben. Es gibt eine Stille – kennst du sie? – in der man meint, man müsse die einzelnen Minuten hören, wie sie in den Ozean der Ewigkeit hinuntertropfen.

Mr. John winkt Jens-Uwe zu sich, es eilt, lass uns an das Ruinenprojekt denken, lass uns mehr authentische Qualität gegen das Urdorf aufbauen, das Haupt-Image leidet. *Gepflegte Ruinen sind Zeugnisse des Einverständnisses mit der Herkunft, diesen Anspruch müssen wir auf Bad Kirchreuth konzentrieren*, definiert er. Er will erste Arbeiten an der Friedhofsmauer beim alten Pfarrgarten mit den Mönchsgräbern vergeben, kein Ort wirkt authentischer. *Und stellt ein Totenbrett zum Gedenken des heiligen Sankt Gunther sehr sichtbar irgendwo auf,* ordnet er noch an.

Von der Torheit und Schlechtigkeit der Zeit habe ich meine Augen abgewendet, ich lese keine Zeitung mehr, und so finde ich Gott wieder in seiner Schöpfung. Es waren dunkle Flecken in mir. Die Erinnerung sagte mir später, dass es Wälder gewesen sind, die außerhalb mir waren. Diese Landschaft ist, wie sie Gott erschaffen hat, und zuweilen ist sie schöner als alle anderen in der Welt. Oder wenn das Stahlgrau des Spätherbstes fest über die ganze Himmelskuppel gegossen liegt, so tritt ein Sonnenstrahl heraus und küsset ein goldenes Fleckchen. Man glaubt, die Welt ist voll Ruhe und Herrlichkeit. Waldwoge steht hinter Waldwoge, bis eine die letzte ist und den Himmel schneidet.

Hä, Jens-Uwe, i woaß iatzt, wo's beste Bauernbrot gibt, plärrt jemand, und ein anderer fragt ihn, warum es keine Musik gibt. Doch Jens-Uwe redet intensiv auf den Prospektor von Großwald ein, ob das vorgeschlagene Motto *Märchenwald, Urwald, Großwald* wirklich originell genug sei und ob Mr. John das noch prüfen könne. Einen Prospektentwurf würde er hierlassen:

Und im Sommer? Da blüht der Woid, hier, bei uns, im Kuhwiesenland, da erwarten Sie Brotzeit und Wadl-Strümpf, Melkkurse und Goaßlschnalzen und glückliche Kühe. Das sind unvergessliche Abenteuer nach allen Regeln der Kunst, das ist des Reiters Lust in der Waldler-Prärie, so weit das Auge blickt. 100 % Heimat. Ich mach mit. Herrgott is des schee. A forest full of sunshine. Dabei hat der Wald viele Gesichter, immer weiß man, wo man hingehen soll. Schuhplattler, Bauernballett und Volksmusik, alte Bräuche, lebendige Feste, fröhliche Menschen. Aktivitäten von A bis Z, rund ums Jahr, jeder Tag ein Urlaubsschatz, ein unvergessliches Szenario für stille Genießer, ein Heilmittel gegen den Alltag, rezeptfrei. Und die Belohnung: Unsere Wandernadel.

Umleitung
Einbahnstraße
Polizei
GLAS
Parken in Viechtach
Stadtmitte
Stadthalle
Stadtmitte
KRISTALLMUSEUM

Wo ist ER

Noch ist die Presse inmitten der Gäste und fotografiert, filmt und interviewt, als endlich der europäische Heimatminister vorfährt, herzlich begrüßt wird, Hände schüttelt, sich wegen seiner Verspätung rechtfertigt. Der Minister blickt kurz ins Foyer und nickt anerkennend den Musikanten zu. Eine Sternsingerin läuft ihm mit neuem Prospekt nach und die Kommunalpolitiker posieren schon für das Mit-Minister-Foto auf der Marmortreppe, zwei Wolfausläuter mit Glocke und Bierglas stellen sich dazu. Dann fahren alle im weiß-blauen Erlebnis-Shuttlebus ins Heimatschutzgebiet zu den Urwaldlern. Dort winkt der Minister, schüttelt Hände, begrüßt die Natives und lässt sie tanzen. Grußwortlich tituliert er sie als die bestmöglichen Originaldarsteller und als wertvolle Ziereinheimische: *Ihr passt gut hierher.*

Der Bürgermeister stellt ihm den Xav vor: *Na Xav, was sagt ma? Grüßgott*, sagt der. *Lauter, dass er's hört*, kommandiert der Bürgermeister. *Servus Herr Minister*, sagt jetzt der Xav fast zu laut, *welcome in the Bavarian Wood und dankschön für die Entwicklungshilfe. Leider laufen wir hier immer in Filz herum und müssen Dialekt reden und immer regionale Schmankerln essen, aber wir sind exklusiv, das unique selling product. Als Vergeltsgotterl überreiche ich das Tradition-and-Pleasure-Körberl mit Schwammerln aus biologischem Anbau, mit echt mundgeblasenen Christbaumkugeln aus der Urwaldglashütte und einem Wald-Edelbier, gebraut nach dem Reinheitsgebot und mit echtem Bergkristallwasser.*

Hallo, grüßt der europäische Heimatminister, *es freut mich sehr, macht weiter so. Aber wo ist Adalbert, euer Heimat-Stifter*, fragt der Minister offenbar gut vorbereitet, *euer Superstar?* Alle schauen betreten, ja wo ist er denn, der Stifter-Ade, *Jens-Uwe, sog wos, du bist sonst so gscheid! Jamei, Termine halt, Heimatabende, Lesungen. Kimm Herr Minister, schwoamas owe. Prost!* Der Minister liebt zum Glück die weißblaue Gemütlichkeit.

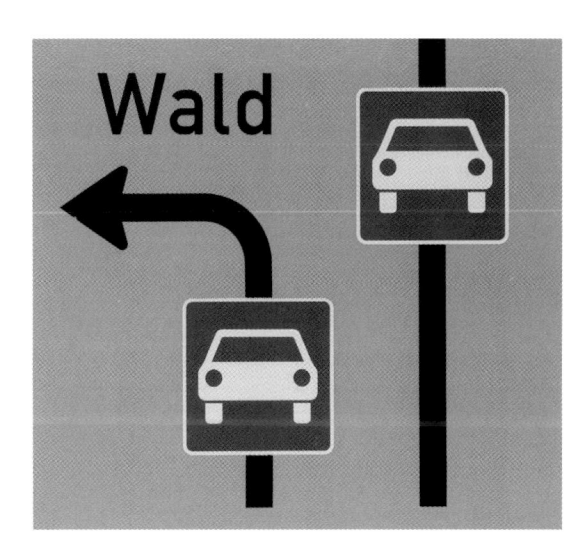

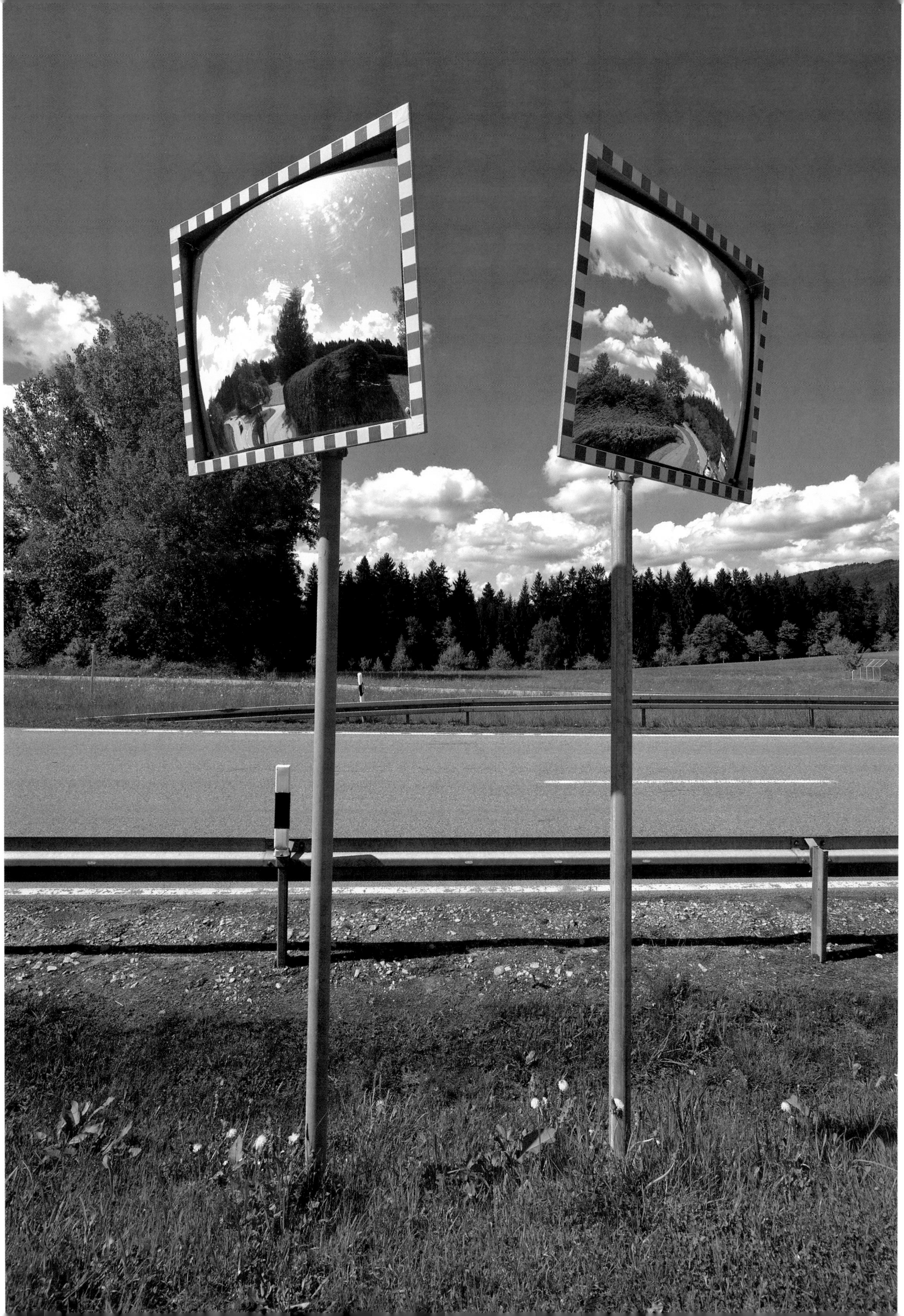

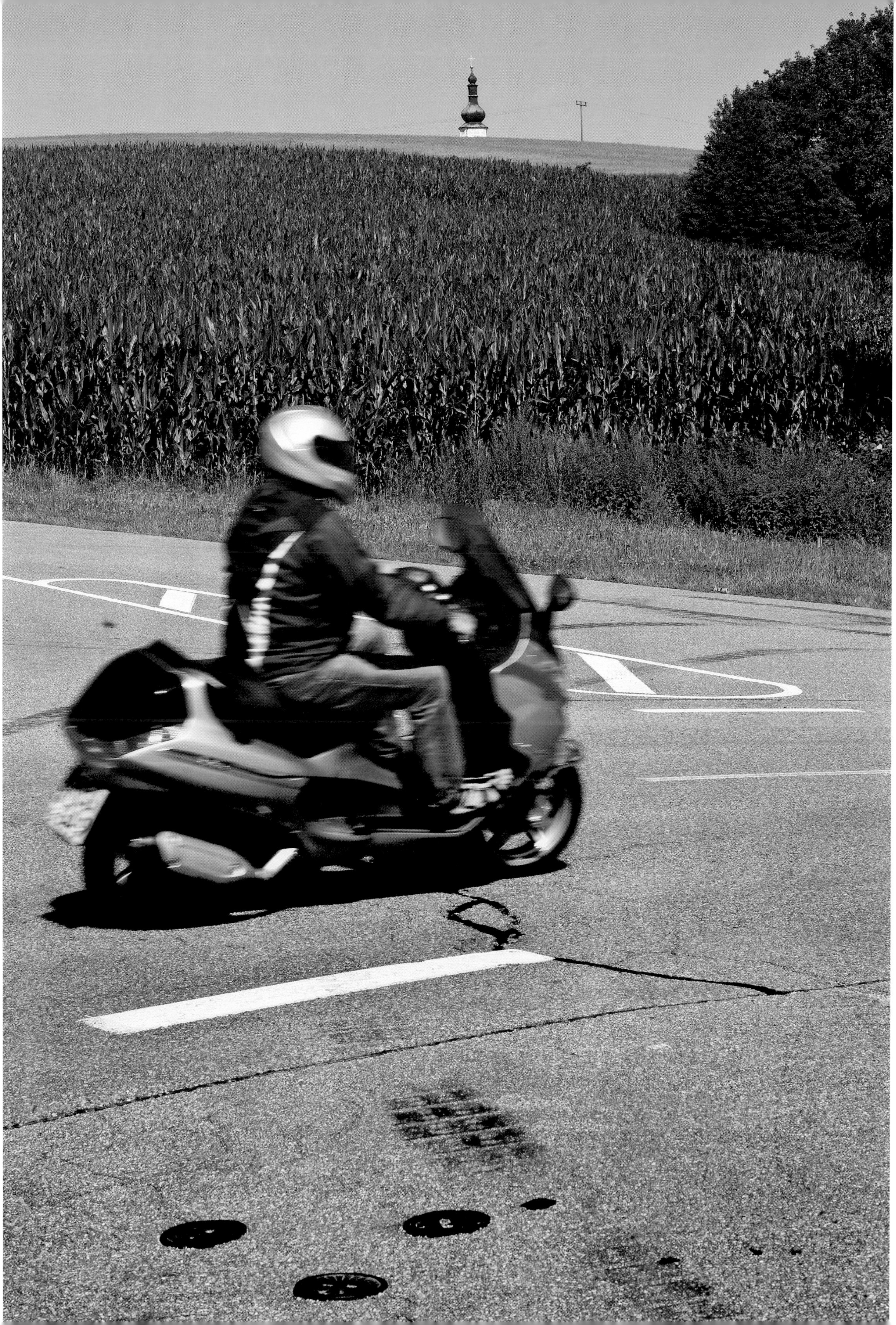

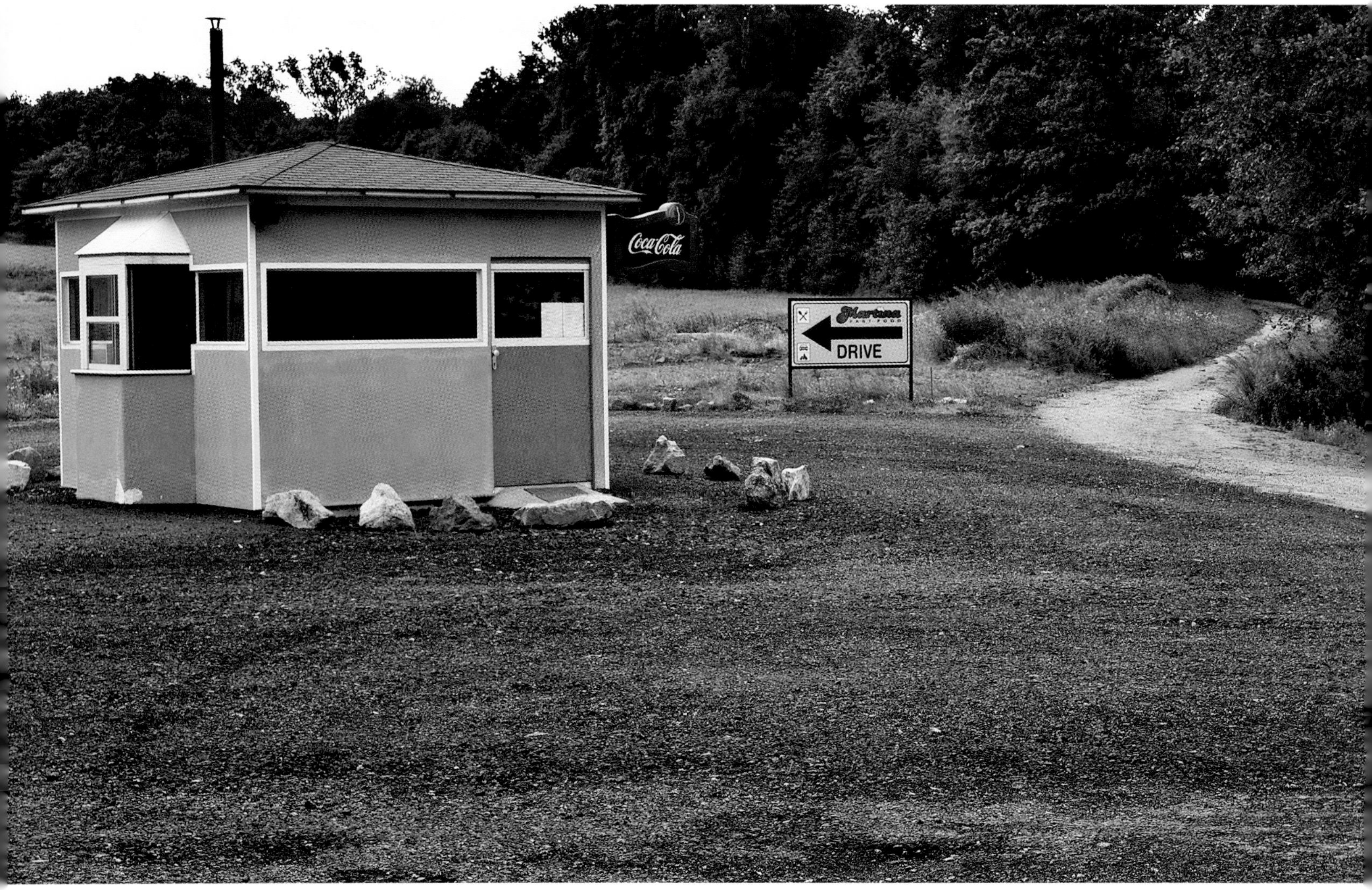

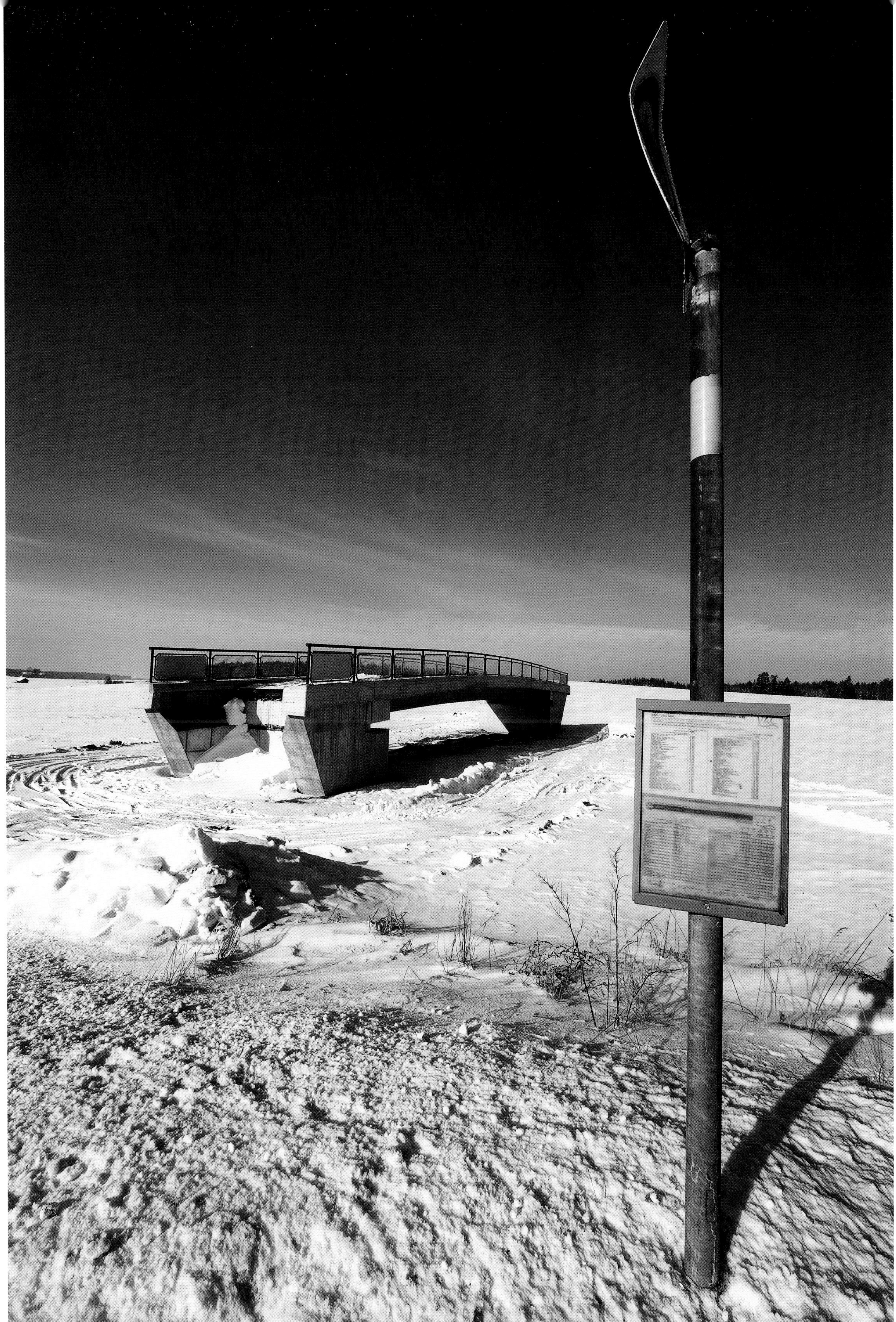

Heimatrausch

Der Hawaii-Sepp spielt den Bayerwaldblues, der Mühlhiasl genießt eine Regio-Torte und die Emerenz Meier schleppt den Adalbert Stifter ab: It's Hoamadl-Rausch. Die Rasenmäher streiken, weil sie heute das Gras wachsen hören und einmal die Blumen sprechen lassen: *Bitte den Rasen betreten*. Das missfällt den grinsenden Gartenzwergen und dem kommunalen Grasbeauftragten, deren Bewegungsmelder und Gehirnschrittmacher rotieren, aber wenigstens die Essensliste hält ihre Versprechen. Der Kulturausschuss zieht an einem Strang in einer Richtung, und die im Boot Sitzenden, es sind wir alle, rudern, jemand steuert, aber wohin? Und werden die Bürger auch ernst und nicht nur mitgenommen? Egal, überall gibts ein s'Stüberl.

Die Verstärker brummen und Heimat ist dirndl- und lederhosnlastig, die Spamfilter lockern sich, wir sind rauschig und multi. Kulturer, Politiker, Naturschützer und Landwirte setzen sich zusammen auseinander und lassen Standpunkte bröckeln. Selbst im Heimatverein rebelliert niemand hörbar, keiner will die Kirche im Dorf lassen. Politiker sprechen keine Grußworte, die weißblaue Gemütlichkeit befreit sich aus dem Bierzelt, die Fantasie erobert die Heimatburg.

Die Heimatdiktatur ist heute milde gestimmt und Prospekte lügen nicht wie gedruckt. Können bald Künstler Dorfplätze gestalten, Windkraftanlagen landschaftsverträglich schnurren und Kollektoren energisch strahlen? Stimmt es, ein Harvester frisst den Kurpark? Wie kurz ist ein Heimatrausch? Das Smartphone antwortet nicht, es ist totgestrichelt, fragen wir im s'Internet- s'Stüberl, wo die Heimat-App und Monitore alles erklären. Alles!

Jogger genießen kreuz und quad die Natur, aber dort muss noch Wald für den Abenteuerwald weg, für die Panorama-Überholspur. Der Regionalmanager lässt Obstbäume pflanzen und die Fördergelder verausgaben sich sinnvoll. Wenn auf der Bierburg die Fahnen flattern, verliert das Augenmaß das Fingerspitzengefühl, der gesunde Menschenverstand desinfiziert sich mit Bärwurz und die Schweinsbratenkönigin outet sich als eingefleischte Vegetarierin, ihr ist heute alles wurscht: Heimatrausch. Das Waldvogerl schläft heute Nacht durch.

Wir über uns? Noch Wortmeldungen? Was tun wir hier noch, fragen sich Pfingstl, Osterhas und Christkindl. Der Heimatpfleger versteht sich nur mehr selbst und flüchtet in die Satzung. Dort fragt der Kleingeist, was ist Heimat, hat sie ein Gegenteil? Die Wolfausläuter riegeln das brachial ab. Längst sind die Gedanken platt, nur der Dialekt und der Error diskutieren anhaltend, so dass die Schirmdame den Durchblick verliert. Jens-Uwe bleibt zugeknöpft.

Im Internet werden Totenbretter versteigert, während das Mundartseminar ein Urwaldlerdialektwort ausgräbt und es zelebriert, interpretiert, kommentiert, verifiziert, glorifiziert, modelliert, zertifiziert, moralisiert, prämiert, mumifiziert und wieder am Brauchtumsfriedhof begräbt, wo es sanft bis zur nächsten Gedenkminute ruht. Sogar Seelen weigern sich zu baumeln, Toscana-Häuser dübeln sich Wagenräder an die

Front, um regionaltypisch zu sein. Im Vorgarten versöhnen sich Liebstöckel, Springkraut und Yukkapalme, und der Bauhof pflanzt Schlehdorn und Holunder, sie denken heute nicht maximal. Da rotiert der Navigator endgültig und das macht die letzten Dorfbäume frech, sie bedrohen Autos mit Laub und kein Hysteriker jault, keine Säge dröhnt, sogar Anlieger applaudieren. Aber im s'Stüberl ziehen die Dorfzerschönerer, Rechthaberer und Auto-Shampoonierer die Zugbrücke hoch, Parolen kursieren, Gerüchte kochen, Prophezeiungen gelten nochmal.

Das ist die Gelegenheit für den Preis, klarzustellen, dass er mit der Leistung kein Verhältnis hat. Erstaunen. Am Kircherlberg-Ökodrom feuern die Schneekanonen ganzjährig, die Biergärten haben vierundzwanzig Stunden geöffnet, es dröhnt das immerwährende Straßenbaufest, der eBus wird wieder angekündigt. Die Volksmusik-CD dreht durch, wir riskieren den Waldler-Herzschlag. Alle blättern im unkündbaren Bayerwald-Bilderbuch, dort sind sie fromm, durstig und vorindustriell. Das Fernsehen filmt schon wieder im Folklore-Stadion. Sie haben den Zielort erreicht.

Ausklang

Die Musiker packen ein, ihr Pensum haben sie absolviert, gewohnt unbeachtet wie so häufig. Sauer sind sie nicht, denn erstens kennen sie die Situation so, Musikanten werden in der letzten Zeitungszeile gewürdigt, wo sie zu musikalischen Umrahmern schrumpfen. Zweitens blinzelt sie das alte Notenbüchl aus seiner Vitrine heraus tröstend an, und drittens bringt genau jetzt der Jens-Uwe einige kaltgewordene Lewakassemmeln: *De warn no übrig – Mahlzeit. I muaß weida, spuids ma no oan? Des – wia hoaßts? – Wissts es wou mei Hoamadl is. Also, alles roger dann and have a good time. Kemmts no ins s'Stüberl?*

Jens-Uwe wartet weder die Antwort noch das Musikstück ab und verschwindet durch die Drehtür. Denn neben der goldenen Kulturnadel freut ihn der coole Prospekt Hinterbayerns, der nahtlos an die schöngeistige Tradition von Adalbert Stifter anknüpft. Wieder und wieder liest er ihn sich vor:

Klug ist da der Gast, der sein Herz zu Hause lässt, denn hier geht es garantiert verloren. Hier genießen Sie die Ewigkeit der Augenblicke, eine Luft zum Atmen, eine Natur ohne Zusatz, z.B. beim Streichelzoo, am Kinderspielplatz, am Minigolfplatz oder beim hautnahen Kontakt zum Rehwild. Das ist ein Wald wie sonst keiner, das sind Urlaubsloipen, von Weltmeistern gespurt im Kristallkleid-Land. Heißa, heißa, eine Schneeballschlacht. Also: Wegga do, jetzt komm i, Huraxdax, pack's bei der Hax. Mit'm Schnee hama a Massl. Gehng ma in Woid, an Arber aafe zua mit an Gsang und an Gspoaß, kreuzfidel samma, göll, da legst di nieda, des bringst allaweil, Hauptsach g'sund samma im Wald dahoam, des is a staade Sach, des ist megastark. A hearty welcome und kemmts fei wieda.

111

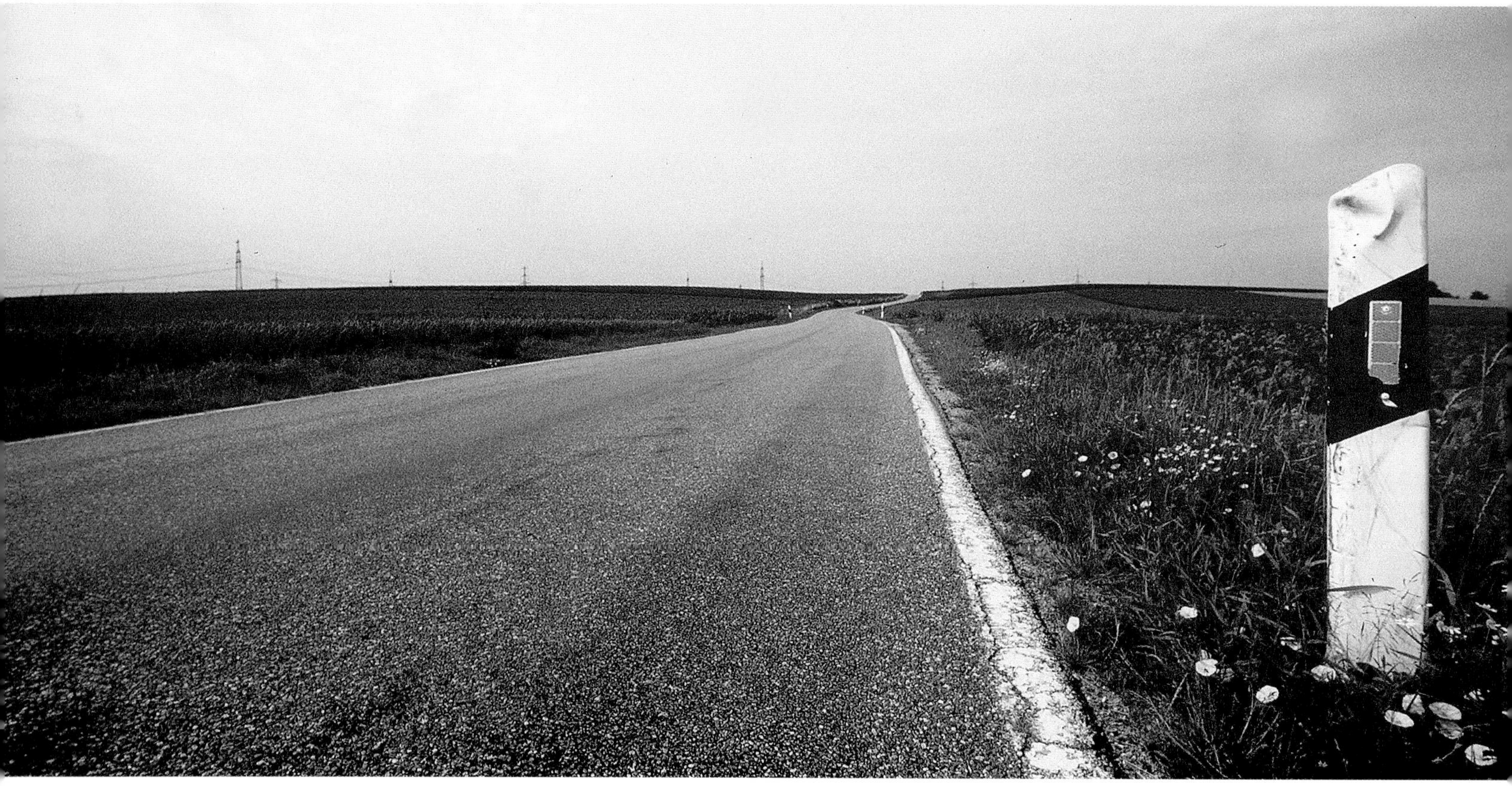

113

HIER HÖREN SIE:
Interessantes und Wissenswertes
über Hinterbaiern und Umgebung!

Nachwort

Während der Olympischen Spiele 1972 beginne ich zu fotografieren. Wenige Wochen später ist mein Kernthema woanders gefunden: der Bayerische Wald und sein Umfeld. Zuerst ist es die Idylle, die Titel der ersten Dia-Vorträge lauten *Bayerwaldflimmern* und *Bayerwaldblues*. Zehn Jahre später beginnt die Entdeckung des Alltags, der Welt zwischen den seltenen Natur- und Heimatschutzgebieten. Parallel passiert jetzt der Einstieg in die Schwarzweiß- und Mittelformatfotografie.

Als Hubert Ettl Ende der 1980er Jahre den *lichtung verlag* in Viechtach initiiert, bin ich dabei, die Reportagefotografie beginnt, die Bildgeschichte. Zugleich entdecke ich das Schreiben, das allmählich gleichrangig wird und zu ersten Lesungen mit anderen Autoren führt. 1996 veröffentlicht der Verlag mit *HinterBayern* den ersten Fotoband, Karl Krieg und Bernhard Setzwein schreiben die Texte.

Die Stadt Viechtach startet ihr *Millennium-Kulturprogrammm 2000*, ich soll lesen. Ich ordne meine Texte, *HinterBayern* wird neu ausgerichtet. Ob mich der Musikant Roland Pongratz unterstützt? Er stimmt sofort zu und es erwächst eine kreative Partnerschaft über das Programm hinaus. Wenige Tage vor dem Erstauftritt gesteht er, einen Bassisten neben sich zu brauchen, die Bandbreite würde deutlich erweitert, Hartmut Löfflmann übernimmt diesen Part zuverlässig und kreativ. Stunden vor der Premiere kommen Christoph Pfeffer und Theodor Hofmann, der mittlerweile von Johannes Haslinger abgelöst ist, dazu. Die OriginalWaldlerBuamShowBänd ist gegründet und wird ein Quell vieler Ideen.

Ein anderer Quell ist die Realität, ist Erzähltes, Geschehenes und Gesehenes und mit doppeldeutigem Humor Kombiniertes. In etwa einhundert Heimatabenden (*Wo bitte liegt Hinterbayern?*), vielen Kolumnen und Artikeln, Teilpräsentationen, einer Reihe von Fotoausstellungen und der multimedialen Variante *koawerbungned* mit Bild- und Videoprojektionen bewährt sich die hinterbayerische Sicht- und Erzählweise und entwickelt sich zu einem Kultbegriff. Dafür danke ich dem Team mit diesem Buch und wünsche uns noch viele Auftritte, auch der verkleinerten und literarischen Variante mit Roland Pongratz und dem Pianisten Sven Ochsenbauer. Vielen wäre zu danken, auch der Gisela, die zwischen Motivieren und Korrigieren immer wieder für die Brotzeiten zuständig ist.

Herbert Pöhnl

Johannes Haslinger | Theodor Hofmann | Hartwig Löfflmann | Roland Pongratz | Christoph Pfeffer | Sven Ochsenbauer

Herbert Pöhnl,

geboren 1948 in Furth im Wald, seit 1976 zahlreiche Ausstellungen, Veröffentlichungen u.a. *HinterBayern* (1996), Fotoband mit Texten von Bernhard Setzwein und Karl Krieg, *Heimat bitte lächeln* (2004), *Der halbwilde Wald. Nationalpark Bayerischer Wald: Geschichte und Geschichten* (2012). Mitarbeiter des *ostbayerischen magazins lichtung* und des *lichtung verlags*. Seit 2000 Auftritte mit dem Programm *Wo bitte liegt HinterBayern?* und *koawerbungned* (Lesung, Musik, Bilder). Lebt in Viechtach.

Inhalt

Waldwärts	7	Pressetermin	62
Ländlicher Raum	8	Sterne ausläuten	63
Waldeslust	9	Maibaum eins	69
LKS	10	Der Mühlhiaslworkshop	70
Dorfleben	11	Biozentrische Komponente	72
Feste feiern	16	Maibaum zwei	73
Der Prospektor	18	Alles klar	78
365 Tage Brauchtum	19	Das Märchendorf	79
Eventschnee	21	Aussteigen schwer gemacht	80
Den Wolf vertreiben	28	Erinnerungszwang	81
Tote Bretter	30	Vorwärts	89
Heimattrumm	33	Talking about Hoamadl	90
Waldlerblues	40	… dann riegelts!	97
Anfüttern	42	Hinterbayern leuchtet	98
Der mitgenommene Bürger	45	Ehrungen	99
Schöne Aussichten	46	Vernissage	100
Gute Noten	52	Wo ist ER	103
Beantragte Kultur	53	Heimatrausch	108
Mahlzeit	54	Ausklang	110
Error	55		
Ganz besonders begrüßen	60	Nachwort	116

Hinweis zu den Foto- und Textcollagen:

Fotocollagen auf den Seiten 22, 23, 44 und 61: Ausschnitte aus Tageszeitungen

Textcollagen auf den Seiten 8, 55, 73, 101 und 110: Zitate aus Prospekten der Bayerwaldgemeinden

Stifter- und Mühlhiasltextcollagen auf den Seiten 70, 71, 100 und 101: Weitgehend Originalzitate

1. Auflage 2014
© lichtung verlag GmbH
94234 Viechtach   Postackerweg 10
www.lichtung-verlag.de
Alle Rechte vorbehalten
Satz und Gestaltung: Kristina Pöschl
Herstellung: Kartenhaus Kollektiv Regensburg
ISBN 978-3-941306-07-3

*Die Herausgabe dieses Buches wurde gefördert
von der Ernst-Pietsch-Stiftung und dem Bayerwaldforum e.V.*